JN108670

1日5分！
教室でできる

英語

コグトレ

著　**宮口幸治** 児童精神科医・医学博士
　　正頭英和 立命館小学校教諭

小学校
5・6
年生

東洋館出版社

はじめに

認知機能へのアプローチが必要な理由

　本書は、小学校で学習する英語を利用して学習の土台となる認知機能を高めるトレーニングを行うことで、**英語力と認知機能の両方を同時に向上させる**ことを目的としています。認知機能とは、記憶、知覚、注意、言語理解、判断・推論といったいくつかの要素が含まれた知的機能を指します。例えば授業中に先生が口頭で次のような問題を出したとします。

「A さんは10個の飴をもっていました。4 個あげると、A さんは飴を何個もっているでしょうか？」

　まず先生の話に**注意**を向ける必要があります。ノートにお絵描きをしていては問題が出されたこと自体に気がつきません。そして先生に注意を向けたとしても、先生の話したことをしっかり聞きとって**知覚**し、個数を忘れないように**記憶**しなければいけません。また先生の話した問題の**言語理解**も必要です。次に、ここから問題を考えていくわけですが、暗算するためには他に考え事などせず**注意・集中**する必要があります。好きなゲームのことを考えていては暗算ができません。
　最後に大切なのが、上記の問題では次の 2 通りの解釈ができることです。

「A さんは誰かに 4 個の飴をあげたのか？」
「A さんは誰かから 4 個の飴をもらったのか？」

　ですので、ここで先生はどちらを意図しているのか**判断・推論**する必要があります。以上から、先生が口頭で出した問題を解くためには認知機能の全ての力が必要なのです。もしその中の一つでも弱さがあれば問題を解くことができません。認知機能は学習に必須の働きであり**学習につまずきを抱える子どもは認知機能の働きのどこかに弱さをもっている**可能性があるのです。
　認知機能は学習面だけでなく、人に興味を向ける、人の気持ちを考える、人と会話をするなどのコミュニケーション力や、自分で考えて行動する、さまざまな困った問題に対処するなどの問題解決力といった子どもの学校生活にとって必要な力でもあり、**認知機能の弱さは、対人スキルの乏しさにもつながる**のです。

認知機能の弱さ≒学習のつまずき、対人スキルの乏しさ

　しかし現在の学校教育では学科教育が主で、その土台となっている認知機能へのアプローチがほとんどなされておらず見過ごされているのが現状です。それに対処すべく開発されたのが認知機能向上トレーニングである**コグトレ**なのです。この「英語コグトレ」はこれらコグトレ理論に基づき、英語力を高めながら同時に学習で困らないための認知機能を高めるように作られています。
　なお、本書は学習に必要な認知機能を高めていくことを一番の目的としています。そのため英語力自体が不安な場合は先に通常の英語学習を行ってから本書をご使用されるとより効果的です。もちろん英語が苦手なお子様が先に本書を使って英語に慣れたり、英語への抵抗感を減らしたりすることも可能ですし、英語学習だけでは物足りないお子様にも十分な手応えがあるでしょう。本書をお使いになることで、困っているお子様はもちろんのこと、さらに学力の向上を望んでおられるお子様にお役に立てることを願っております。

著者を代表して
立命館大学教授　児童精神科医・医学博士
宮口幸治

1

1日5分！ 教室でできる英語コグトレ
小学校5・6年生

英語コグトレとは？

　これまでコグトレは主に認知機能の弱さがあり学習でつまずきをもつ子どもたちに広く使われてきました。しかし学校では脳トレに似ている感もあって学習の一環として取り組ませにくく、トレーニングのための時間がせいぜい朝の会の一日５分しか取れない、個別に課題をやらせるしかない、といった声を多数いただいてきました。そこで授業科目（特に英語）の中で学習教材の一つとしてクラス全体で使えるようにと考案されたのがこの英語コグトレです。

どのようなトレーニングか？

　小学生にとっても英語学習はとても大切です。しかし現在の主な学習方法は英語そのものの習得を目的としているため、せっかく時間をかけているのにもったいない、どうせやるなら同時に認知機能も向上できたら、との思いがありました。そこで英語の勉強をしながら、かつ先ほど述べた学習に欠かせない認知機能もトレーニングしていくことで、英語力の向上は当然のこと、認知機能も同時に向上させることができるように作られています。

具体的には？

　小学５、６年生用教材として文部科学省が作成している「We Can 1、2」（東京書籍）に出てくる英単語や英文を利用し、認知機能（記憶、知覚、注意、言語理解、判断・推論）に対応した「覚える」「写す」「数える」「見つける」「想像する」といった５つのワークが学べるように構成されています。

　ワークは認知機能だけを直接的にトレーニングするためのテキスト「コグトレ　みる・きく・想像するための認知機能強化トレーニング」（三輪書店）をもとに、図形をアルファベットに置き換えるなど工夫を凝らして再構成しています。またこれまで日本語で答えていた解答を英語で書かせるなど、難易度が高い課題もありますので、学習の進んでいるお子さんや高齢者の方でも十分にやりがいのあるワークとなっています。

　一方、本書が難しいお子さんには「コグトレ　みる・きく・想像するための認知機能強化トレーニング」「やさしいコグトレ　認知機能強化トレーニング」（いずれも三輪書店）も併用してお使いいただくことをお勧めします。

ワークシートの使用方法

　本トレーニングは「覚える」「数える」「写す」「見つける」「想像する」の5つのワークから構成されています（全148課題。ワークシート一覧表）。課題は以下の3つタイプからなります。

①英語が未修学でも取り組むことができる課題（表の〇）
②英語でなく日本語を使っても取り組める課題（表の△）
③英語を修学しないと困難な課題（表の◎）

　①は、いつ始めても問題ありません。②は、本来は英語を修学してから取り組む問題ですが、未修学でも認知機能トレーニングとして効果が期待される課題です。英語修学後にも繰り返して実施すると一層の効果が期待されます。③は英語の修学が前提の課題ですので学年の最後に実施した方がいいでしょう。なお、このトレーニングは「コグトレ　みる、きく、想像するための認知機能強化トレーニング」（宮口幸治、2015、三輪書店）をベースに作られていますので、英語以前に認知機能のトレーニングにもっと時間をかけて行いたい場合はそちらも並行してお使い下さい。

　以下、5つのワークについて主に認知機能面から概要をご説明します。いずれも英語のトレーニングを兼ねていることは言うまでもありません。

❶ 覚える

　授業中の先生の話、人の話を注意・集中してしっかり聞いて覚える力を養っていきます。

◆最初とポン
　出題者が3つの英文を読み上げ、子どもにそれぞれの最初の言葉だけ覚えてもらいます。ただし文章中に動物の名前が出た時にだけ手を叩いてもらいます。そして覚えた言葉を英語に直して解答用紙に書きます。手を叩くという干渉課題を入れることで、より集中し聞いて覚える必要が生じます。これにより聴覚ワーキングメモリをトレーニングします。

◆最後とポン
　一連の3セットの英単語を読み上げ、最後の英単語だけを記憶してもらいます。今度は色の名前が出た時にだけ手を叩いてもらい、覚えた英単語を解答用紙に書きます。

◆正しいのはどっち？
　文脈から判断する二者択一問題を読み上げ、正しいのはどちらかを考えさせる課題です。選択肢を覚えながら文章を聞き取り考える力をつけていきます。

❷ 数える

数感覚や注意・集中力、早く処理する力、計画力を養っていきます。

◆英単語かぞえ

ある決まった英単語の数をあるルールのもと、数えながら英単語に〇をしていきます。注意深く正確に数えることで集中力やブレーキをかける力、自分で時間管理をすることで自己管理力をつけていきます。

◆英単語算

一桁＋一桁の足し算の計算問題とセットになった文章中の言葉を英単語に直して、計算の答えと一緒に記憶し、計算の答えの欄にその対応する英単語を書きます。短期記憶の力や転記ミスを減らす力を養います。

◆さがし算

たて、よこ、ななめで隣り合った2つの英語で書かれた数字を足してある数字になるものを見つけて〇で囲みます。答えを効率よく探すことで、ものを数える際に必要な処理するスピード、計画力を向上させます。数字を表す英単語の知識が必要ですのでそれらを修学してから取り組んだ方がいいでしょう。

❸ 写す

図形問題や文字習得の基礎ともなる形を正確に認識する力を養います。

◆点つなぎ

見本のアルファベットを見ながら、下の枠に直線を追加して見本のアルファベットと同じになるように完成させます。基本的な図形の認識や文字を覚えるための基礎的な力を養います。

◆くるくるアルファベット

上にある回転したアルファベットを見ながら、下に正しい方向に直して写します。点つなぎと異なる点は、下の枠が左右に少しずつ回転しているところです。角度が変わっても同じ形であることを認識する力、位置関係を考えながら写す論理的思考、心的回転の力を養います。

◆鏡・水面英単語

ある英単語が鏡と水面に逆に映っていますが、それを見ながら正しい英単語に書き直してもらいます。鏡像や水面像を理解する力、位置関係を理解する力、想像しながら正確に写す力を養います。

❹ 見つける

視覚情報を整理する力を養います。

◆アルファベットさがし

不規則に並んだ点群の中から提示されたアルファベットを構成する配列を探して線で結びます。黒板を写したりする際に必要な形の恒常性の力を養います。

◆違いはどこ？

2枚の絵の違いを見つけます。2枚の絵の違いを考えることで、視覚情報の共通点や相違点を把握する力や観察力を養います。

◆同じ絵はどれ？

複数の絵の中からまったく同じ絵を2枚見つけます。複数の絵の中から2枚の同じ絵を効率よく見つけ出すことで、全体を見ながら視覚情報の共通点や相違点を把握する力や観察力、計画力を養います。

◆回転英単語

左右にバラバラに回転して並べられた英単語の部品を線でつないで正しい英単語を作ります。形を心の中で回転させ、正しい組み合わせを見つけていくことで図形の方向弁別や方向の類同視の力を養っていきます。

❺ 想像する

見えないものを想像する力を養います。

◆スタンプ英単語

提示されたスタンプを紙に押したときどのような模様になるかを想像します。ある視覚情報から他の情報を想像するというトレーニングを通して、見えないものを想像する力や論理性を養います。

◆心で回転

自分から見える机の上に置かれたアルファベットは、周りからはどう見えるかを想像します。対象物を違った方向から見たらどう見えるかを想像することで心的回転の力や相手の立場になって考える力を養います。

◆順位決定戦

いくつかの日本語で示された言葉たちがかけっこをして、その順位がついています。複数の表彰台の順位から判断して言葉たちの総合順位を考えていきます。答えは英語に直し

て書きます。複数の関係性を比較して記憶し、理解する力を養います。

◆**物語づくり**

　イラストとともに提示された英文を参考にしながら、ストーリーを想像して正しい順番に並び替えます。断片的な情報から全体を想像する力やストーリーを考えることで時間概念や論理的思考を養っていきます。

ワークシートの使用例

トレーニングは5つのワーク（覚える、数える、写す、見つける、想像する）からなります。1回5分、週5日間行えば32週間（1学期に12週、2学期に12週、3学期に8週）ですべて終了できるよう作られています。このスケジュールに沿った進め方のモデル例を下記に紹介します。時間に制限があれば、5つのワークのうちどれからを組み合わせて実施するなど適宜ご調整ください。以下の①～⑤の5つのトレーニングを合わせると合計148回ずつあります。

・5つのワークの進め方の例

❶ **覚える** ＜1回/週×32週間＝32回＞

週1回「最初とポン（12回）」と「最後とポン（12回）」の順に実施し、終了すれば「正しいのはどっち？（8回）」を実施します。

❷ **数える** ＜1回/週×32週間＝32回＞

週1回「英単語かぞえ（12回）」「英単語算（12回）」「さがし算（8回）」の順で実施します。

❸ **写す** ＜1回/週×24週間＝24回＞

週1回「点つなぎ（8回）」「くるくるアルファベット（8回）」「鏡・水面英単語（8回）」の順で実施します。

❹ **見つける** ＜1回/週×32週間＝32回＞

週1回「アルファベットさがし（8回）」「違いはどこ？（8回）」「同じ絵はどれ？（8回）」「回転英単語（8回）」の順で実施します。

❺ 想像する　＜1回／週×32週間＝32回＞

週1回「スタンプ英単語（8回）」「心で回転（8回）」「順位決定戦（8回）」「物語づくり（8回）」の順で実施します。

以下に、本トレーニングの具体的なモデル使用例を示しておりますのでご参考ください。

＊モデル使用例1：（朝の会の1日5分を使うケース）
ある1週間について、以下のように進めていきます。例えば、
月曜日：「覚える」の「最初とポン」を5分
火曜日：「数える」の「英単語かぞえ」を5分
水曜日：「写す」の「点つなぎ」を5分
木曜日：「見つける」の「アルファベットさがし」を5分
金曜日：「想像する」の「スタンプ英単語」を5分
で実施すれば1年間（週5日、32週）ですべての課題が終了します。英単語が未修学でもカタカナなどで書いても問題ありません。

＊モデル使用例2：（週1回だけ朝の会で行い、あとは宿題とするケース）
「覚える」だけ週1回、朝の会などで実施し、残りは学校での宿題プリントの裏面に印刷して実施（小学5、6生年用：116枚）します。週に4枚取り組むと約30週で終了します。「覚える」は英単語が未修学でもカタカナなどで書いても問題ありません。

＊モデル使用例3：（英語の授業で英単語の練習として使うケース）
英単語習得の確認テストの一環として英語の授業中に実施します。小学5、6年生用は合計148回ずつありますので、週のコマ数と調整しながら併せて実施します。

＊モデル使用例4：（保護者と一緒に自宅で使うケース）
ご家庭で、「覚える」の課題はCDを使用し、残りのワーク（英単語が未修学でも取り組むことができる課題（表の〇）から始めます）はお子さん自身でやってもらいましょう。答え合わせは一緒にみて確認してあげましょう。間違っていれば、間違っていることだけを伝えどこが間違えているのかを再度考えてもらうとより効果的です。「覚える」は英単語が未修学でもカタカナなどで書いても問題ありません。

ワークシート一覧表

5つの トレーニング	小項目	課題の タイプ	ワークシート 番号	ワーク シート数	
❶ 覚える	最初とポン	◎	1〜12	12	
	最後とポン	◎	1〜12	12	
	正しいのはどっち？	◎	1〜8	8	
❷ 数える	英単語かぞえ	○	1〜12	12	
	英単語算	△	1〜12	12	
	さがし算	◎	1〜8	8	
❸ 写す	点つなぎ	○	1〜8	8	
	くるくるアルファベット	○	1〜8	8	
	鏡・水面英単語	○	1〜8	8	
❹ 見つける	アルファベットさがし	○	1〜8	8	
	違いはどこ？	○	1〜8	8	
	同じ絵はどれ？	○	1〜8	8	
	回転英単語	◎	1〜8	8	
❺ 想像する	スタンプ英単語	○	1〜8	8	
	心で回転	○	1〜8	8	
	順位決定戦	△	1〜8	8	
	物語づくり	◎	1〜8	8	

課題のタイプ：○：未修学でも可能な課題、△：日本語を使っても効果あり、◎：修学しないと困難

	頻度 （回／週）	期間 （週）	施行学期	内容
	1		1	最初の英単語を覚えて書く（3文条件）
	1	32	2	最後の英単語を覚えて書く（3セット条件）
	1		3	問題文を聞き答えを英語を書く
	1		1	ある英単語だけを数える
	1	32	2	計算の答えを英単語に置き換える
	1		3	英語で書かれた数字で計算する
	1		1	上のアルファベットを下に写す
	1	24	1、2	回転したアルファベットを下に写す
	1		2	鏡・水面に映った英単語を正しく写す
	1		1	点群の中からアルファベットを見つける
	1		1、2	2枚の絵から違いを見つける
	1	32	2	複数の絵から同じ絵を2枚見つける
	1		3	回転させた英単語の部品から英単語を見つける
	1		1	スタンプ面から正しい英単語を想像する
	1		1、2	相手側から見たアルファベットを想像する
	1	32	2	正しい順位を想像して英単語で書く
	1		3	バラバラの絵をストーリーを考えて並び替える

① 覚える

① 覚える

★子どもにつけて欲しい力

授業中の先生の話、人の話を注意・集中してしっかり聞く力をつけます。

★進め方

音声はCDに収録されています。

（最初とポン）短い文章を3つ読みます。そのうち、それぞれの文書の最初の英単語だけを覚え、ノートやプリントに書いてもらいます。ただし、文章の途中で動物の名前（右の例の下線）が出たときは手を叩いてもらいます。答えは右の例の太文字の英単語です。

（最後とポン）一連の英単語を3セットずつ読みあげます。それぞれのセットの最後の英単語だけを覚え、ノートやプリントに書いてもらいます。ただし、途中で色の名前（右の例の下線が出たときは手を叩いてもらいます。答えは右の例の太文字の英単語です。

（正しいのはどっち？）問題を読み上げ、質問を考えてもらい答えの英単語をノートやプリントに書かせます。

★ポイント

・まだ英単語が書けなければ、聞き取れたものをカタカナで書いても問題ありません。
・手を叩く代わりに目を閉じさせ手を上げてもらうのもいいでしょう。
・もしCDを使用せずに読み上げるときは、3つの文章や英単語セットを読むときに一つ目、二つ目……と言ってあげましょう。
・「最後とポン」ではどこで終わるかは教えませんので特に集中して聞いてもらいましょう。
・「正しいのはどっち？」では子どものレベルに応じて何度か再生してあげるなど、調整しましょう。

★留意点

「最初とポン」「最後とポン」は難しければ、動物や色の名前で手を叩くだけにする、最初の2文や2セットだけを覚えるなど調整してもいいでしょう。「正しいのはどっち？」は難しければ日本語訳を読み上げて答えを英単語で書いてもらいましょう。

例

> **最初とポン①** それぞれの文の最初の単語だけを覚えます。
> ただし、動物の名前が出たら手を叩きます。

①
She has a <u>dog</u>.
Six <u>monkeys</u> have some bananas.
Her <u>rabbit</u> is jumping across the river.

②
Yellow <u>ducks</u> sing a song.
He goes to the park with his <u>dog</u>.
Seven beautiful <u>bears</u> turned left.

③
What do you want to have?
Fourteen <u>dogs</u> are very cute.
My mother wants to have a <u>cat</u>.

> **最後とポン①** それぞれの組の最後の単語だけを覚えます。
> ただし、色の名前が出たら手を叩きます。

①
box	cat	<u>black</u>
<u>yellow</u>	bird	nose
pen	<u>blue</u>	moon

②
monkey	<u>brown</u>	<u>red</u>
pig	watch	fish
lemon	river	<u>pink</u>

③
happy	<u>red</u>		
<u>blue</u>	Monday	nine	ski
river	<u>brown</u>	art	

> **正しいのはどっち？①** 文章を聞いて、最後の質問に答えます。

①
Saburo has two brothers. Their names are Taro and Jiro.
Taro has black hair. Jiro has brown hair.
Who has black hair?

（答え：　　　　Taro　　　　　　　）

②
Anna likes cats. Anna wants to get a pet.
The pet shop has dogs, cats, and birds.
Which animal does she want to get?

（答え：　　　　cats　　　　　　　）

最初とポン **1** それぞれの文の最初の単語だけを覚えます。
ただし、動物の名前が出たら手を叩きます。

1 She has a <u>dog</u>.
Six <u>monkeys</u> have some bananas.
Her <u>rabbit</u> is jumping across the river.

2 Yellow <u>ducks</u> sing a song.
He goes to the park with his <u>dog</u>.
Seven beautiful <u>bears</u> turned left.

3 What do you want to have?
Fourteen <u>dogs</u> are very cute.
My mother wants to have a <u>cat</u>.

 3

最初とポン **2** それぞれの文の最初の単語だけを覚えます。
ただし、動物の名前が出たら手を叩きます。

1 This artist is painting an <u>elephant</u>.
There are many <u>pigs</u>.
Nineteen tired <u>snakes</u> don't want to drink any water.

2 Two <u>cats</u> eat some <u>fishes</u>.
The <u>lion</u> is very big.
That is a small <u>bird</u>.

3 Thirty <u>elephants</u> walked to me.
Of all the <u>birds</u> in this park, they are the biggest.
In this forest, there are many long <u>snakes</u>.

最初とポン ❸ それぞれの文の最初の単語だけを覚えます。
ただし、動物の名前が出たら手を叩きます。

1　**Look** at this old <u>monkey</u>.
　　Brush your <u>cat</u>'s hair.
　　Wash your hands and <u>dog</u>'s legs.

2　**Ten** <u>bears</u> swim in the river.
　　You can walk on the street with your <u>dog</u>.
　　Their <u>horses</u> love carrots.

3　**Watch** your <u>dog</u>.
　　Five <u>rabbits</u> run in the park.
　　Don't walk in this house with your <u>cat</u>.

最初とポン ❹ それぞれの文の最初の単語だけを覚えます。
ただし、動物の名前が出たら手を叩きます。

1　**Check** your <u>cows</u>.
　　Four <u>dogs</u> want to swim in the river.
　　Jump over this river with your <u>dog</u>.

2　**Sing** for your <u>cats</u>.
　　Swim with your <u>dog</u> for your mother.
　　<u>**Pigs**</u> drink water.

3　<u>**Cows**</u> eat corn.
　　Ride the <u>horse</u>'s back.
　　<u>**Giraffes**</u> have long necks.

最初とポン **5** それぞれの文の最初の単語だけを覚えます。
ただし、動物の名前が出たら手を叩きます。

1
<u>Elephants</u> have long noses.
<u>Rabbits</u> have long ears.
John likes <u>dragons</u>.

2
Nine funny <u>cats</u> danced in the park.
Every Monday, I play with my <u>dog</u>.
Boys like <u>lions</u>.

3
Beautiful <u>dogs</u> run in the park.
Hungry <u>birds</u> want to eat some food.
Small <u>pigs</u> want to sleep.

最初とポン **6** それぞれの文の最初の単語だけを覚えます。
ただし、動物の名前が出たら手を叩きます。

1
Big <u>zebras</u> eat some apples.
An active <u>wolf</u> wants to eat some fruits.
Brave <u>dogs</u> jump over the river.

2
A busy man can't play with his <u>dog</u>.
Gentle <u>elephants</u> help some people.
Old <u>cats</u> sleep under the tree.

3
Bus drivers turn left for a small <u>bird</u>.
Stop singing because the <u>dog</u> is sleeping now.
Hero wants to speak <u>dragon</u>.

最初とポン **7** それぞれの文の最初の単語だけを覚えます。
ただし、動物の名前が出たら手を叩きます。

1
Three <u>pigs</u> have breakfast.
Go to your <u>rabbit</u>.
Tell me this <u>horse</u>'s name.

2
His <u>cat</u> has white hair.
Eight big <u>birds</u> get their food.
Green <u>gorillas</u> are very big.

3
Ten hungry <u>wolves</u> want to eat some food.
Blue <u>cats</u> like grapes.
Walk along the river with my <u>dog</u>.

最初とポン **8** それぞれの文の最初の単語だけを覚えます。
ただし、動物の名前が出たら手を叩きます。

1
Thirteen <u>lions</u> go to their houses.
Me too, I love <u>foxes</u>.
White <u>dogs</u> are scary for me.

2
Pink <u>pigs</u> are sleepy now.
Happy <u>birds</u> dance with their friends.
Eighteen <u>mice</u> run by the tree.

3
Your <u>dog</u> has white hair.
Twenty <u>koalas</u> eat some leaves.
His <u>dog</u> is running under the tree.

最初とポン **9** それぞれの文の最初の単語だけを覚えます。
ただし、動物の名前が出たら手を叩きます。

1 Make my <u>dog</u>'s house.
Wild <u>boars</u> run in the forest.
Sixty <u>gorillas</u> want to eat some bananas.

2 <u>Birds</u> sing for their friends.
Eighty <u>tigers</u> run under the big tree.
Read a book about <u>ants</u>.

3 One hundred <u>dogs</u> jump over the river.
Speak about your <u>cat</u>.
Red <u>dragons</u> are great animals.

11

最初とポン **10** それぞれの文の最初の単語だけを覚えます。
ただし、動物の名前が出たら手を叩きます。

1 Eleven small <u>frogs</u> jump over the river.
Brown <u>dogs</u> swim in the river.
By my house, there is a <u>fox</u>.

2 Put some <u>dog</u> food here.
Sixteen <u>cows</u> walked along the river.
Purple <u>dragons</u> are very gentle.

3 Red <u>rabbits</u> jump over the river.
Fifteen <u>ducks</u> looked at me.
Let's play tennis with my <u>dog</u>.

最初とポン **11** それぞれの文の最初の単語だけを覚えます。
ただし、動物の名前が出たら手を叩きます。

1
Buy <u>cat</u> food.
Forty <u>zebras</u> walk along the river.
Get that <u>chicken</u> for dinner.

2
Leave his <u>pig</u> alone.
Orange <u>monkeys</u> want to eat some bananas.
Ninety <u>cats</u> danced for their friends.

3
Write a book about <u>koalas</u>.
Seventy <u>spiders</u> walked on my arm.
Ski with my <u>dog</u>.

最初とポン **12** それぞれの文の最初の単語だけを覚えます。
ただし、動物の名前が出たら手を叩きます。

1
Run with my <u>horse</u>.
Turn left and go straight to meet a beautiful <u>snake</u>.
Twelve old <u>rabbits</u> sleep on the leaves.

2
Teach me about <u>koalas</u>.
Seventeen <u>bears</u> take seventeen apples.
Sleepy <u>dogs</u> want to sleep.

3
<u>Horses</u> like carrots.
<u>Sheep</u> like cucumbers.
Fifty <u>pandas</u> eat some apples.

最後とポン ❶ それぞれの組の最後の単語だけを覚えます。
ただし、色の名前が出たら手を叩きます。

1
box	cat	**black**
<u>yellow</u>	bird	**nose**
pen	<u>blue</u>	**moon**

2
monkey	<u>brown</u>	**red**
pig	watch	**fish**
lemon	river	**pink**

3
happy	<u>red</u>		
<u>blue</u>	Monday	nine	ski
river	<u>brown</u>	**art**	

最後とポン ❷ それぞれの組の最後の単語だけを覚えます。
ただし、色の名前が出たら手を叩きます。

1
apple	get	<u>blue</u>	<u>pink</u>
study	<u>red</u>	**eye**	
<u>yellow</u>	down	**kitchen**	

2
<u>white</u>	skate	**lion**	
friend	card	<u>blue</u>	**walk**
cold	<u>pink</u>	**ant**	

3
<u>red</u>	stop	five	**chair**
<u>green</u>	jump	**circle**	
soccer	bird	<u>black</u>	**dog**

最後とポン ❸ それぞれの組の最後の単語だけを覚えます。
ただし、色の名前が出たら手を叩きます。

1

violin	soup	<u>white</u>	
glove	piano	turn	<u>black</u>
<u>red</u>	ball	**old**	

2

<u>pink</u>	<u>**green**</u>		
sleepy	snake	<u>blue</u>	**summer**
artist	<u>red</u>	nose	**mother**

3

ink	night	<u>**purple**</u>	
<u>green</u>	ten	**down**	
science	<u>black</u>	pen	**monkey**

最後とポン ❹ それぞれの組の最後の単語だけを覚えます。
ただし、色の名前が出たら手を叩きます。

1

three	old	<u>red</u>	**read**
<u>black</u>	tennis	hat	**fine**
pilot	cap	<u>**pink**</u>	

2

umbrella	<u>blue</u>	**coffee**	
onion	stop	ball	<u>purple</u>
water	<u>yellow</u>	swim	**bag**

3

<u>green</u>	<u>white</u>	pilot	**house**
clock	bath	<u>pink</u>	**zoo**
ear	nose	racket	<u>brown</u>

最後とポン **5** それぞれの組の最後の単語だけを覚えます。
ただし、色の名前が出たら手を叩きます。

1

teeth	snake	black	sun
face	knee	winter	white
brown	nine	under	bear

2

green	busy	gym	
peach	pink	milk	curry
walk	apple	red	tomato

3

purple	new	music	shirt
computer	pink	hero	
night	white	cross	

最後とポン **6** それぞれの組の最後の単語だけを覚えます。
ただし、色の名前が出たら手を叩きます。

1

library	blue		
black	watch	cup	
table	post	glove	box

2

drum	cap	queen	
park	zoo	red	morning
skater	star	buy	sushi

3

cherry	black	zero	
magnet	home	music	
station	fire	orange	

最後とポン **7** それぞれの組の最後の単語だけを覚えます。
ただし、色の名前が出たら手を叩きます。

1
stone	gas	cap	**chair**
bag	<u>red</u>	**dish**	
<u>white</u>	farmer	**diamond**	

2
circle	Monday	<u>yellow</u>	box
pen	eraser	**science**	
sixteen	corn	cake	**ball**

3
shiny	<u>green</u>	**omelet**	
case	tree	<u>black</u>	lion
spring	river	<u>blue</u>	

最後とポン **8** それぞれの組の最後の単語だけを覚えます。
ただし、色の名前が出たら手を叩きます。

1
up	snowy	fall	<u>orange</u>
homework	doctor	**heart**	
<u>black</u>	<u>yellow</u>	**baseball**	

2
boots	desk	**dog**	
knee	face	<u>black</u>	in
ant	wolf	<u>pink</u>	March

3
hand	<u>blue</u>	tag	**friend**
<u>blown</u>	sun	**frog**	
nose	flower	<u>white</u>	**pen**

最後とポン **9** それぞれの組の最後の単語だけを覚えます。
ただし、色の名前が出たら手を叩きます。

1

mother	sea	red	
blue	beach	dragon	summer
rabbit	left	father	

2

lake	skater	sweater	lunch
desk	racket	black	
umbrella	brown	desk	nut

3

one	purple	noodle	art
drama	great	green	tea
stop	note	pink	

最後とポン **10** それぞれの組の最後の単語だけを覚えます。
ただし、色の名前が出たら手を叩きます。

1

cucumber	black	grape	
purple	hungry	snack	pizza
case	kind	toe	monkey

2

wild	fine	white	blue
ink	cool	green	juice
jump	out	lemon	yellow

3

five	face	tomato	
speak	blue	night	library
soccer	triangle	brown	

最後とポン**11** それぞれの組の最後の単語だけを覚えます。
ただし、色の名前が出たら手を叩きます。

1 <u>blue</u>　　toilet　　cook　　**singer**
　　station　　<u>black</u>　　**shorts**
　　morning　　museum　　**temple**

2 office　　flower　　<u>red</u>
　　night　　**square**
　　great　　melon　　potato　　<u>brown</u>

3 water　　pie　　<u>pink</u>　　**rice**
　　bread　　<u>white</u>　　ruler　　**moral**
　　marker　　stapler　　**pig**

最後とポン**12** それぞれの組の最後の単語だけを覚えます。
ただし、色の名前が出たら手を叩きます。

1 cat　　ten　　<u>brown</u>　　**jam**
　　fish　　zebra　　tree　　<u>purple</u>
　　koala　　brother　　<u>**green**</u>

2 sister　　new　　<u>yellow</u>　　**day**
　　<u>orange</u>　　taxi　　gas　　**violin**
　　clock　　lunch　　**night**

3 bus　　<u>black</u>　　**tea**
　　<u>red</u>　　apple　　doctor　　**police**
　　sun　　rainy　　panda　　<u>yellow</u>

正しいのはどっち？ **1** 文章を聞いて、最後の質問に答えます。

1
Saburo has two brothers. Their names are Taro and Jiro.
Taro has black hair. Jiro has brown hair.
Who has black hair?

（答え： Taro ）

2
Anna likes cats. Anna wants to get a pet.
The pet shop has dogs, cats, and birds.
Which animal does she want to get?

（答え： cats ）

正しいのはどっち？ **2** 文章を聞いて、最後の質問に答えます。

1
I live in Japan.
My father lives in America and my mother too.
Who lives in Japan?

（答え： I ）

2
We like walking along this river.
But our friends don't like walking along this river.
Who likes walking along this river?

（答え： we ）

正しいのはどっち？ **3** 文章を聞いて、最後の質問に答えます。

1 She wants to eat some red fruits now.
There are grapes, apples, and oranges.
Which does she want to eat now?

（答え： apple ）

2 I can speak English.
My friend can speak Japanese.
Who can speak Japanese?

（答え： my friend ）

正しいのはどっち？ **4** 文章を聞いて、最後の質問に答えます。

1 My mother thinks about buying purple fruits at the
supermarket. There are grapes, oranges, and apples.
Which fruits does she buy?

（答え： grapes ）

2 Jiro likes brown.
Ichiro likes black, but he doesn't like brown.
Who likes brown?

（答え： Jiro ）

正しいのはどっち？ **5** 文章を聞いて、最後の質問に答えます。

1 I like dogs and cats.
He doesn't like cats.
Who doesn't like cats?

（答え： he ）

2 Red, blue, and white are colors.
The Japanese flag has some colors.
Which color is not in the Japanese flag?

（答え： blue ）

正しいのはどっち？ **6** 文章を聞いて、最後の質問に答えます。

1 My family has five dogs. Emi's family has four dogs.
Taro's family has two dogs.
Which family has two dogs?

（答え： Taro's family ）

2 He can speak English and Japanese.
She can speak Spanish and Japanese.
Who can speak English?

（答え： he ）

正しいのはどっち？ **7** 文章を聞いて、最後の質問に答えます。

1 I can see three birds.
One is red, one is blue, the other is black. I like black.
Which bird do I like?

（答え：   black   ）

2 Shun goes to school by bus. Aya goes to school by train.
Kurumi goes to school on foot.
Who goes to school by train?

（答え：   Aya   ）

正しいのはどっち？ **8** 文章を聞いて、最後の質問に答えます。

1 My sister likes sweets.
There are chocolates, pizzas, and lemons.
What do I buy for my sister?

（答え：   chocolates   ）

2 Satoshi can sing in his classroom.
But he can't sing in the computer room and library.
Where can he sing ?

（答え：   classroom   ）

2 数える

❷ 数える

★子どもにつけて欲しい力

課題を速く処理する力、注意・集中力、自己を管理する力を養います。

★進め方

- まず「目標」タイムを書きます。スタートの合図で提示された英単語（右の例では「BIRD」）の数を数えながら、できるだけ早く「BIRD」を〇で囲んでもらいます。数え終わったら、個数を右下の欄に記入し挙手させ、時間を伝えます。時間は「今回」の欄に時間を記入します。全員が終了したら正解数を伝えます。時間の上限は5分とします。
- 後半（⑦～⑫）は、単に対象の英単語を数えるだけでなく、対象の英単語の左隣に色を表す英単語（例えば、RED や BLUE など）があるときは数えず、〇で囲んではいけない課題（ブレーキをかける練習）になっています。色を意味する英単語を学習していない場合は、一覧で提示しておくとよいでしょう。

★ポイント

- ここでは、処理するスピードを上げる以上に、課題に慎重に取り組む力をつけることを目的としています。英単語の数が間違っていたら、どこが間違っていたか確認させましょう。
- 目標時間を設定し、その目標と比べ結果がどうであったかを確認することで、自己管理する力を養います。子どもが自分の能力に比べ早い目標時間や、遅い目標時間を立てた場合、終わった後に理由・感想を聞いてみましょう。

★留意点

- 最初に全ての英単語を囲み後から数えるのではなく、英単語の数を数えながらチェックすることに注意しましょう。数を記憶しながら他の作業を行うことでワーキングメモリ（一時記憶）の向上を意図しています。
- スピードが早いことよりも、個数を正確に数えること、目標時間に近い方がいいことを伝えます。もし英単語の数が不正解の場合や、時間がかかる場合でも、目標の時間に近ければ褒めてあげましょう。そのことでスピードの遅い子への配慮もできます。

例

英単語かぞえ ①

「BIRD」という単語の数を数えながら、できるだけ早く「BIRD」を
○でかこみましょう。 数えたら、「BIRD」の数を下に書きましょう。

DOG CAT (BIRD) (BIRD) UP BOX BIG TEA STEAK BLACK

CAP LION QUIZ BOOK DESK BAG NIGHT SUMMER

WOLF NUT JAM (BIRD) CUP KING BY (BIRD) FISH NO

ONE MILK NEW SEAL TREE SUN SNAKE STOP NINE

COOL DOG FUN (BIRD) TV HERO KING (BIRD) INK GYM

CORN THREE LEMON SKI BUSY DESK BLUE PARK

(BIRD) PIE CAKE PIG JULY HIP SUN FOX (BIRD) RICE

WALK (BIRD) MAKE HARD PIG SOUP (BIRD) VET FALL

BED DISH (BIRD) ZERO SAD KIND SUN ON (BIRD) ON

SEA RED TAXI HERO (BIRD) DOCTOR TABLE IN LION

CARD LAKE PILOT DESK (BIRD) BATH BAG TENNIS

UNDER MOUSE HEAD EYE LAKE COW ANT (BIRD) ON

目標（ **3** 分 **30** 秒） 今回（ **4** 分 **30** 秒）

「BIRD」は 〔 **15** 〕 こ

英単語かぞえ ①

「BIRD」という単語の数を数えながら、できるだけ早く「BIRD」を
○でかこみましょう。　数えたら、「BIRD」の数を下に書きましょう。

DOG CAT BIRD BIRD UP BOX BIG TEA STEAK BLACK

CAP LION QUIZ BOOK DESK BAG NIGHT SUMMER

WOLF NUT JAM BIRD CUP KING BY BIRD FISH NO

ONE MILK NEW SEAL TREE SUN SNAKE STOP NINE

COOL DOG FUN BIRD TV HERO KING BIRD INK GYM

CORN THREE LEMON SKI BUSY DESK BLUE PARK

BIRD PIE CAKE PIG JULY HIP SUN FOX BIRD RICE

WALK BIRD MAKE HARD PIG SOUP BIRD VET FALL

BED DISH BIRD ZERO SAD KIND SUN ON BIRD ON

SEA RED TAXI HERO BIRD DOCTOR TABLE IN LION

CARD LAKE PILOT DESK BIRD BATH BAG TENNIS

UNDER MOUSE HEAD EYE LAKE COW ANT BIRD ON

目標（　　分　　秒）　　今回（　　分　　秒）

「BIRD」は〔　　　〕こ

英単語かぞえ ②

「PIG」という単語の数を数えながら、できるだけ早く「PIG」を
○でかこみましょう。　数えたら、「PIG」の数を下に書きましょう。

SOFT PIG DOG BANANA BLACK PIZZA ON KOALA

BY FUN JUMP TAKE PIG PIG ARM COOL TREE PIG

KNEES PIG CARD POLICE TO TWO ANT FACE PIG

UP TEN MONKEY VERY SEE ALONG NINE DOCTOR

PIG JUMP OVER SOCCER NOSE EARS ME ZOO PIG

KING FOR THANK MOUSE TREE PIG HE TAXI KING

COW PIG SNAKE THREE PIG CLASS INK PIG ONE

BROWN GYM HAPPY BUY CAR WALK PIG PEN NO

MORNING GREEN PEACH FATHER NO AND EYES

COMPUTER FURRY ONE LION PIG MAY SUN PIG

DOG TAXI QUEEN PIG SINGER PINK PIG CAT HEAD

FATHER RED WATCH PIG PEN MARKET GYM BALL

目標（　　分　　秒）　　今回（　　分　　秒）

「PIG」は（　　　　）こ

年　　　組

英単語かぞえ ③

「ROOM」という単語の数を数えながら、できるだけ早く「ROOM」を
○でかこみましょう。 数えたら、「ROOM」の数を下に書きましょう。

DAY ROOM SPORTS KOALA DAY PIE WATER UP

ROOM BAG NIGHT VET HAT HOME ANT ROOM

BLACK DOG BY TAKE YOU RABBIT ROOM BLUE

EASY TWO EGG BIG COME RED WHITE ROOM

CHICKEN WATER RADISH ROOM INK SAD MAN

YELLOW RUN UP BAG HEART HE CAKE PENCIL

BLUE ROOM HAPPY HOT GOOD BY SOFT PIZZA

GO FATHER ROOM BLACK ROOM EAT READ I

SIX TEA DOG NO BLUE ROOM CAT HOME OLD

LAKE ROOM TIGER SUN WANT SOFT JAM EAT

TEA POTATO DRAMA COW KIND EIGHT MATH

ROOM SCIENCE CHERRY BREAD ROOM SUSHI

目標（　　分　　秒）　　今回（　　分　　秒）

「ROOM」は（　　　）こ

38

英単語かぞえ ④

「TREE」という単語の数を数えながら、できるだけ早く「TREE」を
○でかこみましょう。　数えたら、「TREE」の数を下に書きましょう。

DAY FROG TREE POTATO TAKE UP BIRD TEETH BY

OPEN KOALA WINTER BOY EYE LONG ONE PUT IN

FINE HOT APPLE CORN ROOM TREE AND DOG RUN

BIG SLEEP NUT TREE SIX BUY SOME RICE OLD TO

NINE GOOD SHORT PLAY SOFT TREE PARK GAS

SUN TREE EAR TREE HOT JUMP NO WILD ART

QUEEN BOX HAND KING TREE OPEN STAR EAT ME

SAD LIKE COLD TWO INK PENCIL RULER BREAD

BUSY BALL EGG COOK TREE CLASS RIDE SKI FUN

EASY YEAR POP WE MOON WALK FISH CORN CUP

BY TREE RICE FORTY ICE BANANA MUSIC TREE

LOOK WATCH HAT TOE SISTER RUN YEAR BY UP

目標（　　分　　秒）　　今回（　　分　　秒）

「TREE」は（　　）こ

英単語かぞえ ⑤

「TWO」という単語の数を数えながら、できるだけ早く「TWO」を
○でかこみましょう。　数えたら、「TWO」の数を下に書きましょう。

INK TWO BLUE APPLE TWO ONION ANT TEA SUN IN

TO DOG LION PIG NINE KING TWO CUP MOON DAY

YEAR RUN TWO BLACK COOK BLUE VIOLIN WILD

DOG GO FATHER HOT TWO TWO THE TWO JET TAXI

INK PEN TEN LION BUY YEAR RUN VERY BY TEA UP

STAR TREE TWO TAKE PIG GOOD JULY LEFT BALL

TOE LEG NEW TIRED ICE KIWI COFFEE CAKE NUT

TO OFFICE ONION PIZZA GREAT NICE HOME ROOM

ME ONE TEN SIX CASE TWO PINK BIG COLD ONE

BY ANT RED STAR SWIM TWO BUSY SEE WHITE UP

BOY FIRE LONG TWO SOFT CAP RED TWO GAS

BLUE TWO RUN BUY GUITAR SEA DOWN DAY TWO

目標（　　分　　　秒）　　今回（　　分　　　秒）

「TWO」は〔　　　〕こ

英単語かぞえ ⑥

「LION」という単語の数を数えながら、できるだけ早く「LION」を
○でかこみましょう。 数えたら、「LION」の数を下に書きましょう。

LION LION LOOK EAR READ ON HAND MOTEHR COW

CAKE TURN WANT BREAD TEA LION FUN MATH BOY

INK HAT CUP LION KOALA LION VET WE NUT LION

WEEK MAY ICE LION PEN BUY PILOT CLOCK HERO UP

I LION BLUE TAKE JUMP LION RED DOCTOR POST P.E.

FIRE CAP RACKET BUS APPLE LION ON TAXI LION JET

GAS FLOWER BALL TWO YELLOW KING QUEEN JUNE BY

MAY LION RIVER LAKE SISTER KNEE FACE LION TOE

EYE CAT BIRD PIG SUN SNAKE LION BEAR COOK VET

FIRE HERO TABLE DISH RACKET PIANO BAG BOOK LION

GLOVE BALL PINK CROSS LION RIDE PARK KING TEA

TAXI FIRE LION STORE GAS KING BLUE DOG CAT

目標（　　分　　　秒）　　今回（　　　分　　　秒）

「LION」は〔　　　　〕こ

英単語かぞえ ⑦

「EYE」という単語を数えながら、できるだけ早く「EYE」を○で
かこみましょう。ただし「EYE」の左どなりに色を表す単語があれば、
○は付けません。最後に、○の数を下に書きましょう。

GOOD SOFT BIRD BLUE EYE VERY BUY ANT PLAY

COOK EYE EAT STOP JET ZOO EYE POST STREET

MATH EYE JUNE BIRD BLUE EYE INK EAT SKI RED

WALK NUT PIG CAT STAR YELLOW EYE ENGLISH BY

PIE MILK BLACK EYE MELON ME EYE MILK EYE

PINK DOG EGG RED WHITE EYE HAT BOX TV CAP

BOX SNOW DOCTOR CHERRY P.E. EYE CHAIR ANT

YELLOW EYE EYE SAD COLD OLD EYE BIRD MAY

STAR SUN EYE ON MOUTH NIGHT HERO RED EYE

RAIN EYE GREEN EYE HAT TV STAR FALL EYE ROPE

EYE RED HERO RULER EYE LEG RIGHT FROG EYE

RIVER SNAKE RED WINTER EYE GO ON TREE IN BY

目標（　　分　　　秒）　　　今回（　　分　　　秒）

○は〔　　　　〕こ

英単語かぞえ ⑧

「BAG」という単語を数えながら、できるだけ早く「BAG」を○で
かこみましょう。ただし「BAG」の左どなりに色を表す単語があれば、
○は付けません。最後に、○の数を下に書きましょう。

BY SIX HOME BLACK PINK TABLE BAG PIG STAR

BROWN BAG BOX MONKEY TREE CAP BED BATH UP

YOU KNEES SQUARE BLUE BAG CLOCK NIGHT

GYM MATH LONG STEAK NUT KIND GLUE PARK JET

KING BAG PILOT ZOO BOX TABLE CROSS STAR

FALL PINK BAG ZEBRA BAG SUN ON SEA TREE BAG

RIVER UP TAKE YES INK BLACK BAG DOG AND

LAKE BEACH NOSE LEG WINTER BAG BLACK

SUMMER SEA TOES TAXI SHRINE YELLOW BAG UP

BOX SHIRT PHONE BAG TAKE GUITAR TEA GYM

MILK BANANA MUSIC BLACK PINK BAG MATH PEN

KOALA SEVEN LEMON ERASER SUN KING ROOM

目標（　　分　　秒）　　今回（　　分　　秒）

○ は （　　　）こ

英単語かぞえ ⑨

「DAY」という単語を数えながら、できるだけ早く「DAY」を○で
かこみましょう。ただし「DAY」の左どなりに色を表す単語があれば、
○は付けません。最後に、○の数を下に書きましょう。

DAY FATHER MOON CAT BLACK DAY ICE NOTE PEN

OUT ROOM SHORT FUN YELLOW DAY DAY GREEN

DOG HAT FACE GYM BOOK ERACER NINE WORLD

NIGHT DAY RED GOOD TO DAY ONE WE VET DAY

COLD BANANA GAS FLOWER HOT DAY BLACK SKI

SING TEN CAKE GO COW DAY HOT WATER HOME

WALK NEW GREEN MUSIC ART BUS HERO BAG TV

SMALL GUITAR PINK DAY TAXI GET HARD NICE BY

DOWN SOFT TEA NUT JUICE TWO DAY BALL CASE

EAR RULER MUSIC NOTE BLUE RED DAY DAY

BATH CORN ONE DAY RUN WALK TIRED EGG JET

TO DAY PILOT FIRE VET CASTLE MATH POTATO NO

目標（　　分　　　秒）　　今回（　　分　　　秒）

○は〔　　　　〕こ

英単語かぞえ ⑩

「STAR」という単語を数えながら、できるだけ早く「STAR」を○で
かこみましょう。ただし「STAR」の左どなりに色を表す単語があれば、
○は付けません。最後に、○の数を下に書きましょう。

STAR BLACK TO DAY CUP RUN SUN BOY CUTE EAT

DOG HAT FATHER SIT TOE CAT BLUE STAR COOK

TREE YELLOW LAKE STAR RUN VERY YEAR INK WE

DAY BOY NO SEA TO RED STAR STAR BLUE STAR IN

BAG KOALA FUN LION NINE JUMP SING POST PARK

STREET DRUM CAP HAT PIANO STAR OPEN TABLE

UP STAR BLACK YELLOW STAR LUNCH BROWN DAY

PARK TAXI IN ZOO TAKE STAR RUN SUN FUN PEN

TO ME HOT FURRY COOL SIX GLUE CASE AND DOG

GOOD SEE NEW BIG HOME STAR IN CORN NINE INK

FINE SCARY STAR JAM WATER STAR BLACK STAR

GYM PIE LEMON ICE PINK STAR TWO MATH FIVE

目標（　　分　　秒）　　今回（　　分　　秒）

○ は 〔　　　〕こ

英単語かぞえ ⑪

「CAT」という単語を数えながら、できるだけ早く「CAT」を○で
かこみましょう。ただし「CAT」の左どなりに色を表す単語があれば、
○は付けません。最後に、○の数を下に書きましょう。

DRAGON EIGHT SEA WINTER CAT BLUE TWO NO ME

HAT KOALA BLACK CAT IN MOON EAR CAT LONG GO

EAT TEA CAT KING PINK WEEK CAT DOG JUMP SIT BY

TREE CUP TWO LION CAT RED CAT MAY YOU STAR

INK CAT SEE COOK BLACK PINK CAT CAT CAT DOG

UP SKI GET TEN BUS CAT NIGHT BOY APRIL ANT

SNAKE TABLE ORANGE BLUE CAT SIX ENGLISH KIWI

AND MATH LIBRARY GLUE ERASER CAT IN SUMEMR

PIG DUCK CAT RED LEG EAR GREEN CAT TOE ROOM

MONKEY TIGER SEAL CAT LEFT WOLF LAKE PANTS

UP DOG NOSE WILD WOLF CAT COW FROG EYE

SISTER YELLOW CAT PEN NINE CAT ONE SUN LAKE

目標（　　分　　　秒）　今回（　　分　　　秒）

○は〔　　　〕こ

英単語かぞえ ⑫

「FIRE」という単語を数えながら、できるだけ早く「FIRE」を○で
かこみましょう。ただし「FIRE」の左どなりに色を表す単語があれば、
○は付けません。最後に、○の数を下に書きましょう。

STORE DRIVER BUS TAKE BLUE FIRE TALK HERO

BUS FIRE RED FIRE FOOD BOX BOOK FIRE CAP

GUITAR POP FIRE STREET STATION POST COLD

STOP GO LIKE GET CAKE KIND LONG FIFTY

HOME MUSIC SIX FIRE CASE FUN STUDY FIRE

SWIM EAT TEA TURN MAKE FIRE RED FIRE SUN

HAT BOX PINK FIRE PARK SHRINE NEW FIRE

CORN FINE SKI GET READ TEACH RIDE SOFT

ZEBRA FIRE PIANO PINK FIRE WHITE KIND NUT

TWO GYM JUMP HOT EGG THREE RED FIRE GO

KOALA MILK PIE SIX HOME LION FIRE KING TV

COFFEE FISH RICE AND DRAGON TREE FIRE

目標（　　分　　秒）　　今回（　　分　　秒）

○ は 〔　　　〕こ

❷ 数える

★子どもにつけて欲しい力

短期記憶の力、答えの写し間違いをしない力、うっかりミスを減らす力を養います。

★進め方

まず上段の右側の計算問題の答えを覚え、左の文章の下線が引かれた日本語の英単語をイメージします。そして、下段の計算問題の答えと同じ数字を選んで、その横の（　　　）に対応する英単語を書きましょう。

★ポイント

・ 英単語が書けなければそのまま日本語で書いても問題ありません。
・ 時間制限はありませんのでゆっくり確実にやるよう伝えましょう。
・ なかなか覚えられなければ最初は声に出しながら（「13 は baseball」など）、（　　　）に英単語を書いてもらいましょう。

★留意点

・ 計算の答えを覚えながら英単語を書くことを目的にしていますので、上段の文章の余白に英単語の答えを書いたり、計算の答えを書いたりしないよう伝えます。
・ 英単語が分からないときは（　　　）には日本語で書いてもらいましょう。
・ （　　　）の数が合わないときは計算間違いをしていますので、どこか間違いがないか確認してもらうといいでしょう。
・ この課題が難しければ、もっとやさしい課題から取り組ませましょう。
（「やさしいコグトレ」あいう算（三輪書店）など）。

例

英単語算 ①

文章の右にある計算の答えと同じ数を下から選んで、
線が引いてある言葉の英単語を下の（　　　）に書きましょう。

ぼくはサッカーよりも<u>野球</u>が好きだ。	: 4+9
かのじょの母親は<u>父親</u>よりもせが高い。	: 5+1
かれは<u>えんぴつ</u>を持っている。	: 7+6
わたしは<u>水</u>が飲みたい。	: 1+7
どの<u>季節</u>があなたは好きですか?	: 8+1
その<u>カサ</u>はわたしのものです。	: 2+4

6（　father　）（　umbrella　）

8（　water　）

9（　season　）

13（　baseball　）（　pencil　）

英単語算　①

文章の右にある計算の答えと同じ数を下から選んで、
線が引いてある言葉の英単語を下の（　　）に書きましょう。

ぼくはサッカーよりも<u>野球</u>が好きだ。　　　：4+9

かのじょの<u>母親</u>は父親よりもせが高い。　：5+1

かれは<u>えんぴつ</u>を持っている。　　　　：7+6

わたしは<u>水</u>が飲みたい。　　　　　　　：1+7

どの<u>季節</u>があなたは好きですか?　　　　：8+1

その<u>カサ</u>はわたしのものです。　　　　：2+4

6（　　　　　　）（　　　　　　　）

8（　　　　　　）

9（　　　　　　）

13（　　　　　　）（　　　　　　　）

英単語算　②

文章の右にある計算の答えと同じ数を下から選んで、
線が引いてある言葉の英単語を下の（　　　）に書きましょう。

今日はわたしのたん<u>生日</u>です。	：8+5
この道を<u>まっすぐ</u>進んでください。	：7+1
わたしの<u>犬</u>はとても大きい。	：7+6
<u>どちらが</u>好きですか？	：4+7
わたしはかれの<u>お母さん</u>と同じ身長です。	：8+7
わたしは朝、<u>いつも</u>パンを食べます。	：2+6

8（　　　　　　）（　　　　　　）

11（　　　　　　）

13（　　　　　　）（　　　　　　）

15（　　　　　　）

英単語算 ③

文章の右にある計算の答えと同じ数を下から選んで、
線が引いてある言葉の英単語を下の（　　）に書きましょう。

新聞でわたしの<u>先生</u>が特集された。 ：2+3

わたしは<u>ニンジン</u>がきらいです。 ：7+6

<u>魚</u>は水の中を泳ぎます。 ：4+9

<u>王様</u>が国民にあいさつをした。 ：3+8

この建物はあの建物よりも<u>新しい</u>。 ：2+2

あなたたちはここの<u>部屋</u>をそうじしましたか？ ：7+4

4（　　　　　　）

5（　　　　　　）

11（　　　　　　）（　　　　　　　）

13（　　　　　　）（　　　　　　　）

英単語算 ④

モモを <u>11</u> こください。　　　　　　　：8+7

この通りを<u>右</u>に曲がってください。　　：2+7

あの森で<u>うさぎ</u>がとんだ。　　　　　：9+8

<u>ハンバーガー</u>が好きだ。　　　　　　：7+2

<u>美しい</u>かみの毛をした女せいがいる。　：7+3

かれはとても<u>かっこいい</u>。　　　　　：6+9

9（　　　　　　　）（　　　　　　　）

10（　　　　　　　）

15（　　　　　　　）（　　　　　　　）

17（　　　　　　　）

英単語算　⑤

文章の右にある計算の答えと同じ数を下から選んで、
線が引いてある言葉の英単語を下の（　　　）に書きましょう。

湖に大きな生物がいるらしい。　　　：4+3

まだ上手に英語を話せない。　　　：9+9

この本を読みたい。　　　：4+7

明日からじゅ業が始まる。　　　：7+7

わたしはかれのためにケーキを作る。　　　：2+5

あの少年がわたしの息子だ。　　　：9+9

7（　　　　　　）（　　　　　　　）

11（　　　　　　）

14（　　　　　　）

18（　　　　　　）（　　　　　　　）

英単語算　⑥

文章の右にある計算の答えと同じ数を下から選んで、
線が引いてある言葉の英単語を下の（　　）に書きましょう。

わたしはよくろうかを<u>走る</u>。　　　　　　　　　：6+4

今日はとても<u>寒い</u>。　　　　　　　　　　　　：7+4

わたしはえんぴつを<u>40</u>本持っている。　　　　：3+9

夏休みの<u>宿題</u>は早めに終わらせた方がいい。　：7+3

<u>冬</u>が来るとテンションが上がる。　　　　　　　：7+4

<u>歯</u>を大切にする。　　　　　　　　　　　　　　：5+7

10（　　　　　　　）（　　　　　　　　）

11（　　　　　　　）（　　　　　　　　）

12（　　　　　　　）（　　　　　　　　）

英単語算　⑦

文章の右にある計算の答えと同じ数を下から選んで、
線が引いてある言葉の英単語を下の（　　　）に書きましょう。

テニスをするために人を集める。　　　　　　：3+3

かれはオレンジを買ってきた。　　　　　　　：4+2

つくえの上をきれいにしなければならない。　：1+6

良い行いをするとみんながよろこぶ。　　　　：9+7

かれはわたしに花を買ってきた。　　　　　　：2+8

明日は動物園に行く予定だ。　　　　　　　　：5+2

6（　　　　　　　）（　　　　　　　）

7（　　　　　　　）（　　　　　　　）

10（　　　　　　　）

16（　　　　　　　）

英単語算　⑧

文章の右にある計算の答えと同じ数を下から選んで、
線が引いてある言葉の英単語を下の（　　　）に書きましょう。

わたしは<u>ピアノ</u>をひくのが得意だ。　　　　：7+5

タクシー<u>運転手</u>に行き先を聞かれた。　　　：6+7

わたしは本を<u>読む</u>のが好きだ。　　　　　：9+4

ケーキを作るために<u>タマゴ</u>を使う。　　　：4+8

あの鳥を<u>見る</u>ために山を登った。　　　　：4+7

このリンゴはあのリンゴよりも<u>おいしい</u>。　：9+5

11（　　　　　　　）

12（　　　　　　　）（　　　　　　　）

13（　　　　　　　）（　　　　　　　）

14（　　　　　　　）

英単語算　⑨

文章の右にある計算の答えと同じ数を下から選んで、
線が引いてある言葉の英単語を下の（　　　）に書きましょう。

かれは犬より<u>ねこ</u>が好きだ。　　　　　　　　　　　：5+6

この<u>箱</u>を開けてはいけない。　　　　　　　　　　　：9+3

先生は<u>教える</u>ことが仕事だ。　　　　　　　　　　　：8+5

お母さんがわたしにお皿を<u>あらう</u>ように言ってきた。　：3+9

わたしは一本だけ<u>ペン</u>を持っている。　　　　　　　：1+1

あの<u>ライオン</u>がとてもこわい。　　　　　　　　　　：4+9

2（　　　　　　　）

11（　　　　　　　）

12（　　　　　　　）（　　　　　　　　）

13（　　　　　　　）（　　　　　　　　）

英単語算 ⑩

文章の右にある計算の答えと同じ数を下から選んで、
線が引いてある言葉の英単語を下の（　　　）に書きましょう。

この<u>定ぎ</u>を使って線を引く。	: 4+5
わたしはあのオレンジが<u>ほしい</u>。	: 2+8
わたしの<u>姉</u>は英語が話せる。	: 7+5
<u>ジュース</u>をくんできてほしい。	: 9+7
わたしは食べることが何よりも<u>好きだ</u>。	: 3+6
このチョコレートは<u>苦い</u>。	: 1+8

9 （　　　　　）（　　　　　　）

　　（　　　　　）

10 （　　　　　）

12 （　　　　　）

16 （　　　　　）

英単語算 ⑪

文章の右にある計算の答えと同じ数を下から選んで、
線が引いてある言葉の英単語を下の（　　　）に書きましょう。

とても大きな<u>リンゴ</u>の木がある。 ： 8+9

わたしは今<u>お茶</u>が飲みたい。 ： 8+7

<u>朝</u>起きたら顔をあらう。 ： 3+4

今年の<u>夏</u>は海に行きたい。 ： 4+3

<u>ギター</u>の練習をしている。 ： 2+7

<u>12月</u>にサンタクロースが街に来る。 ： 6+9

7 （　　　　　　）（　　　　　　　）

9 （　　　　　　）

15 （　　　　　　）（　　　　　　　）

17 （　　　　　　）

英単語算 ⑫

文章の右にある計算の答えと同じ数を下から選んで、
線が引いてある言葉の英単語を下の（　　）に書きましょう。

今日は<u>雨</u>だ。 : 5+2

かぜを引いたら<u>病院</u>へ行く。 : 7+9

<u>公園</u>でイベントがある。 : 9+9

この<u>街道</u>はイルミネーションがきれいだ。 : 4+6

<u>月曜日</u>は平日の始まりです。 : 1+6

<u>幸せ</u>の形は人それぞれです。 : 6+4

7（　　　　　　　）（　　　　　　　）

10（　　　　　　　）（　　　　　　　）

16（　　　　　　　）

18（　　　　　　　）

❷ 数える

★子どもにつけて欲しい力

答えを効率よく探すことで、ものを数える際に必要な処理するスピード、計画力を向上させます。

★進め方

たて、よこ、ななめで隣り合った2つの英語で書かれた数字を足すと、ある数字（右の例では8）になるものを2組見つけてその2つの英単語を〇で囲みます。

★ポイント

・効率よく探すには、上段から下段の順に、左から右方向（右の例だと「three」から「four」の方向）にある数字になるものを探していくことを伝えましょう。
・英単語の組合せは下→上方向や右→左方向にもありますので、色んな方向で見つけていきましょう。

★留意点

・マス目が3×3だと偶然見つけることも可能ですが、マス目が増えてくると次第に困難になってきます。偶然に英単語を見つけることは、さがし算の目的ではありませんので、上段の左端から探すように心がけてもらいましょう。
・この課題が難しければ英単語を数字に置き換えて取り組んでもらいましょう。
・この課題の数字版が「もっとコグトレ　さがし算60（初級、中級、上級)」（東洋館出版社）ですので、こちらにも取り組んでもらいましょう。
・まだ知らない英単語であっても英和辞典などで調べてもらうなど、次の学習につなげていきましょう。

例

さがし算 ①

たて、横、ななめのとなりあった2つの数を足すと8になるものが
2つあります。それを見つけて○でかこみましょう。

three	four	five
six	five	one
four	eight	seven

one	four	five
five	eight	three
two	six	four

one	seven	three
six	five	four
six	nine	two

two	four	three
five	seven	one
two	six	nine

さがし算　①

たて、横、ななめのとなりあった2つの数を足すと8になるものが
2つあります。それを見つけて○でかこみましょう。

three	four	five
six	five	one
four	eight	seven

one	four	five
five	eight	three
two	six	four

one	seven	three
six	five	four
six	nine	two

two	four	three
five	seven	one
two	six	nine

さがし算　②

たて、横、ななめのとなりあった2つの数を足すと9になるものが
2つあります。それを見つけて○でかこみましょう。

three	seven	three
five	eight	two
seven	four	six

two	four	seven
five	six	eight
seven	one	four

two	five	seven
three	six	eight
one	six	two

one	six	two
seven	three	eight
five	four	two

さがし算　③

たて、横、ななめのとなりあった2つの数を足すと 10 になるものが
2 つあります。それを見つけて○でかこみましょう。

two	seven	four
six	nine	eight
one	three	two

two	four	two
five	three	one
seven	nine	six

four	two	one
three	six	seven
nine	seven	five

two	three	eight
five	eight	one
seven	nine	three

さがし算　④

たて、横、ななめのとなりあった2つの数を足すと11になるものが
2つあります。それを見つけて○でかこみましょう。

eight	five	seven
two	three	nine
six	two	one

three	six	seven
six	two	four
five	eight	five

two	eight	three
six	five	two
four	two	seven

three	five	three
eight	zero	two
one	nine	six

さがし算　⑤

たて、横、ななめのとなりあった2つの数を足すと 11 になるものが2つあります。それを見つけて○でかこみましょう。

two	seven	eight
two	three	four
five	one	six

eight	two	three
zero	three	four
six	five	five

three	four	eight
seven	one	five
one	nine	two

five	three	six
two	six	seven
six	eight	four

さがし算 ⑥

たて、横、ななめのとなりあった2つの数を足すと 12 になるものが 2 つあります。それを見つけて○でかこみましょう。

seven	four	nine
three	four	two
eight	eight	five

five	eight	three
five	six	five
seven	nine	six

three	five	eight
seven	three	six
eight	six	five

four	two	eight
nine	eight	three
five	nine	seven

さがし算 ⑦

たて、横、ななめのとなりあった2つの数を足すと 13 になるものが 2 つあります。それを見つけて○でかこみましょう。

three	eight	six
four	six	five
eight	nine	five

three	seven	five
six	five	four
two	eight	seven

nine	eight	four
two	four	five
four	five	seven

seven	one	nine
four	six	eight
six	five	four

さがし算 ⑧

たて、横、ななめのとなりあった2つの数を足すと14になるものが2つあります。それを見つけて○でかこみましょう。

two	nine	seven
five	eight	three
one	six	five

six	seven	two
nine	six	seven
eight	three	nine

seven	three	eight
eight	five	seven
nine	eight	six

eight	seven	nine
seven	four	three
nine	five	six

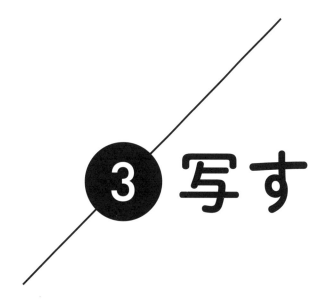

3 写す

❸ 写す

★子どもにつけて欲しい力

ものを正確に写す力といった視覚認知の基礎力を向上させることで、文字の形態を正しく認識する力や、手先の微細運動、視覚と手先運動との協応の力などを養います。

★進め方

上段の見本をみながら、下段に写します。定規は使わずフリーハンドで行います。

★ポイント

・ 時間制限はありませんのでゆっくり確実に写してもらいましょう。
・ 点と点を結ぶ線が歪んでいても、正しくつなごうとしていることが分かれば正解とします。
・ できるだけ消しゴムを使わないで最初から正確に書いてみるよう注意を促しましょう。

★留意点

・ 点上にアルファベットが配置されるためその形態は必ずしも正確ではありませんが、ここの目的は写す力をつけることですので、時間に余裕があれば正確なアルファベットの形態を教科書や辞書などで確認してもらいましょう。
・ どうしても定規を使いたがる子どもがいますが、文字を書くのに定規を使わないのと同様に下手でもいいので定規は使わないよう伝えます。
・ もし正確に写せていなければ、すぐに正解を教えるのではなくどこが間違っているのかを見つけてもらいましょう。3回やらせて見つけられなければ正解を教えて、後日、再トライさせると効果的です。
・ この課題が難しいようであれば、もっとやさしい課題からスタートさせましょう（「やさしいコグトレ」点つなぎ（三輪書店）など）。

点つなぎ ①

❶に書かれている英単語と同じように、
❷に点をつないで英単語を書き写しましょう。

❶

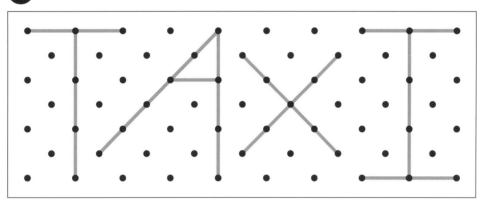

❷

点つなぎ　①

❶に書かれている英単語と同じように、
❷に点をつないで英単語を書き写しましょう。

1

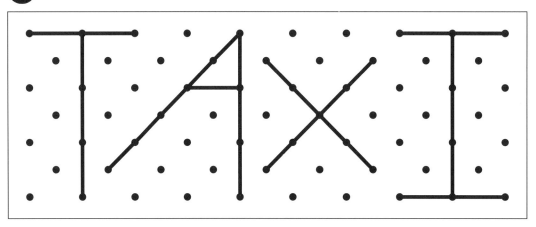

2

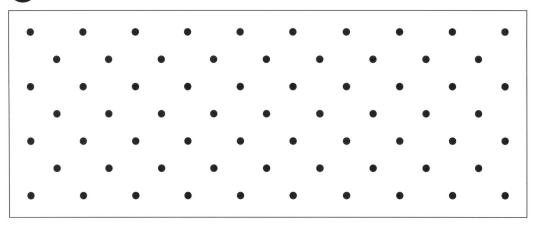

点つなぎ ②

❶に書かれている英単語と同じように、
❷に点をつないで英単語を書き写しましょう。

❶

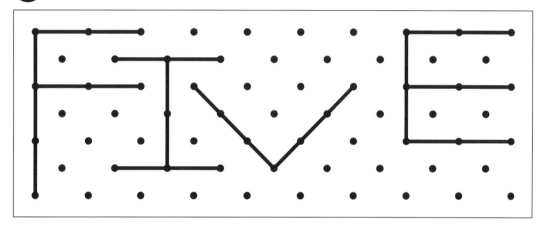

❷

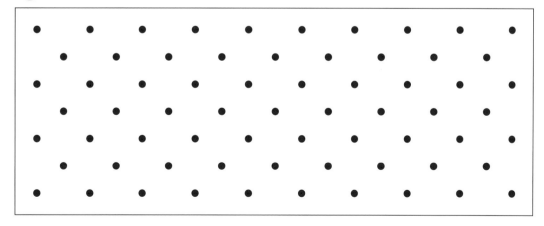

点つなぎ ③

❶に書かれている英単語と同じように、
❷に点をつないで英単語を書き写しましょう。

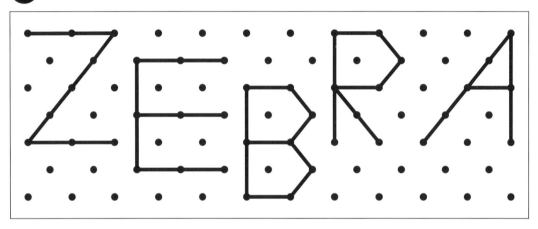

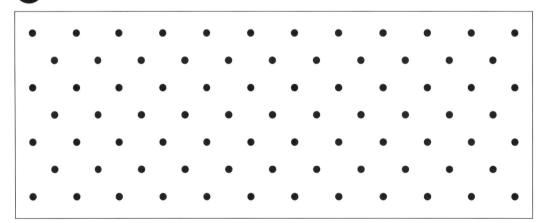

点つなぎ ④

❶に書かれている英単語と同じように、
❷に点をつないで英単語を書き写しましょう。

❶

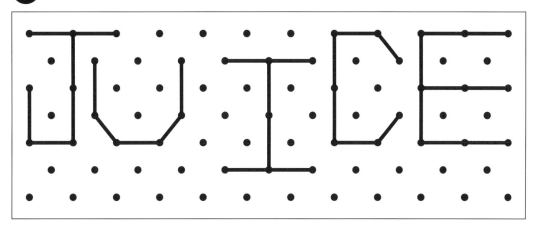

❷

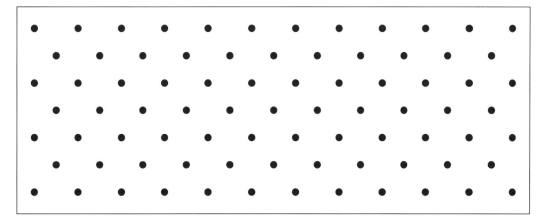

点つなぎ　⑤

❶に書かれている英単語と同じように、
❷に点をつないで英単語を書き写しましょう。

❶

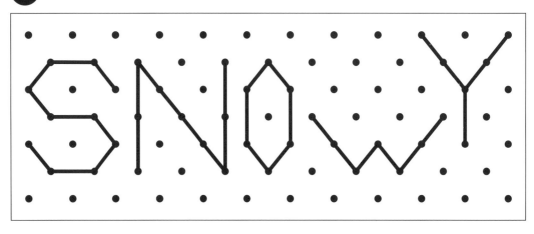

❷

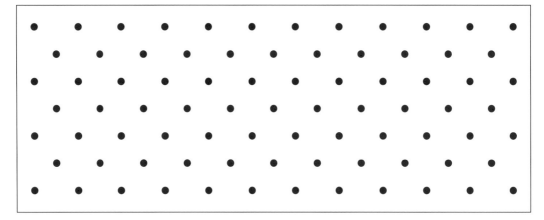

点つなぎ ⑥

❶に書かれている英単語と同じように、
❷に点をつないで英単語を書き写しましょう。

❶

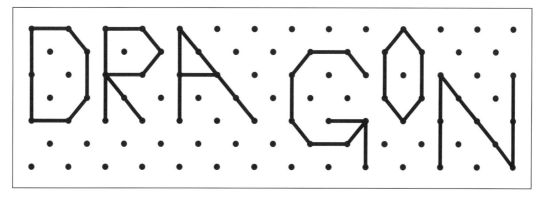

❷

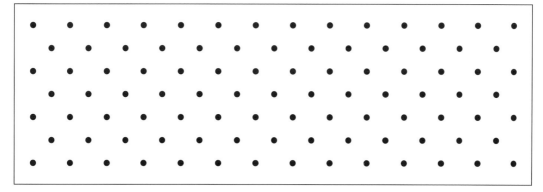

点つなぎ ⑦

❶に書かれている英単語と同じように、
❷に点をつないで英単語を書き写しましょう。

❶

❷

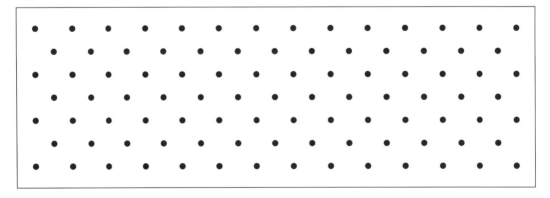

点つなぎ ⑧

❶に書かれている英単語と同じように、
❷に点をつないで英単語を書き写しましょう。

❶

❷

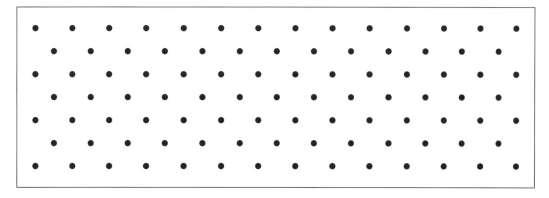

❸ 写す

くるくるアルファベット

★子どもにつけて欲しい力

角度が変わっても同じ形であることを認識する力、論理性、心的回転の力を養います。

★進め方

上の○の中のアルファベットを見ながら、下の○の中に正しい方向で写します。

★ポイント

・ 上の○の中にあるアルファベットが何であるかに気づくことに加え、下の○の中に正しい方向で写す必要があります。ヒントは★の位置です。★と線の位置関係を考えてもらいます。

★留意点

・ 何のアルファベットか気づかなければ紙を回転させてあげましょう。
・ 点上にアルファベットが配置されるため形態が必ずしも正確ではありませんが、ここの目的は写す力をつけることですので、時間に余裕があれば正確なアルファベットの形態を教科書や辞書などで確認してもらいましょう。

例

くるくるアルファベット ①

上と同じアルファベットになるように、
下の○に正しい向きでアルファベットを書きましょう。

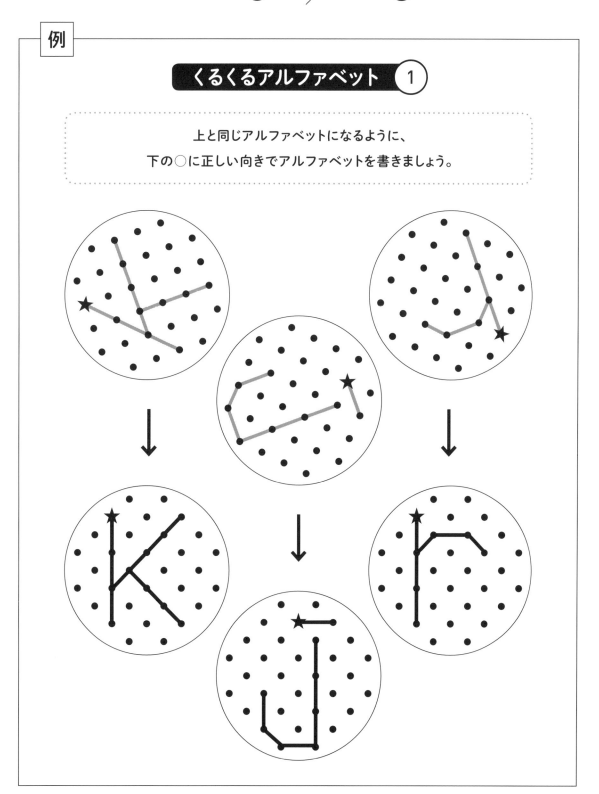

くるくるアルファベット ①

上と同じアルファベットになるように、
下の○に正しい向きでアルファベットを書きましょう。

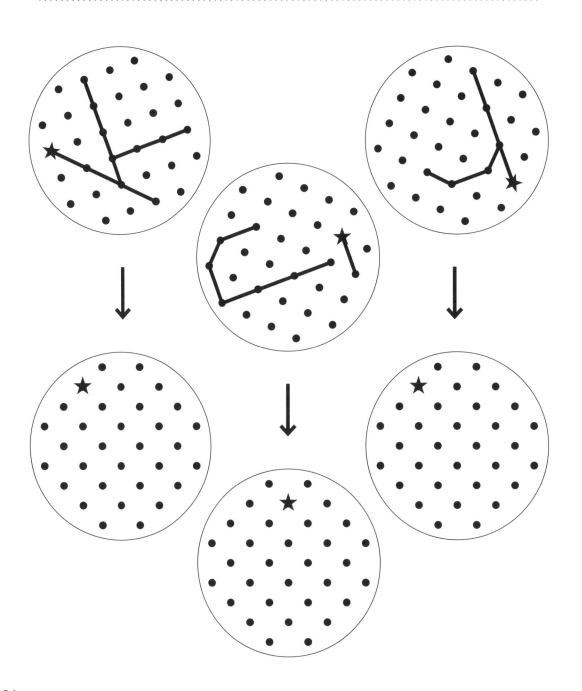

くるくるアルファベット ②

上と同じアルファベットになるように、
下の○に正しい向きでアルファベットを書きましょう。

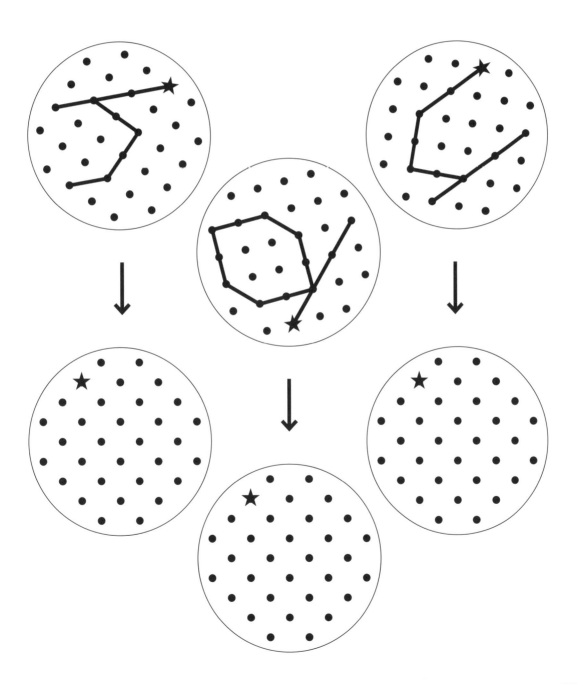

くるくるアルファベット　③

上と同じアルファベットになるように、
下の○に正しい向きでアルファベットを書きましょう。

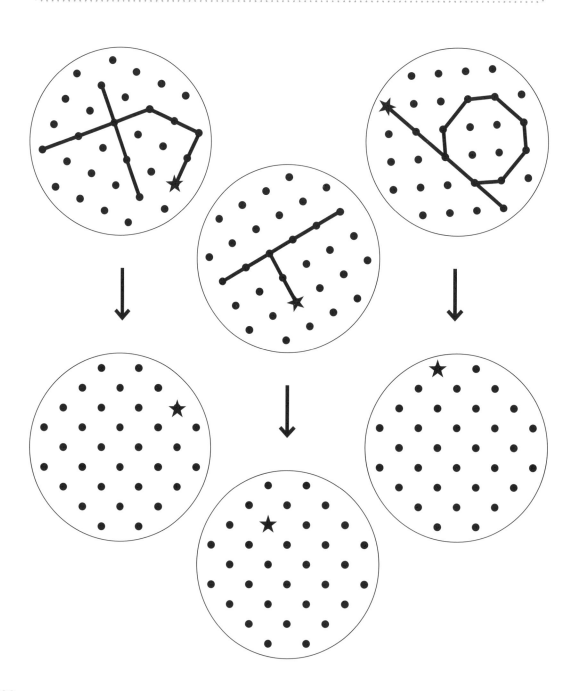

くるくるアルファベット ④

上と同じアルファベットになるように、
下の○に正しい向きでアルファベットを書きましょう。

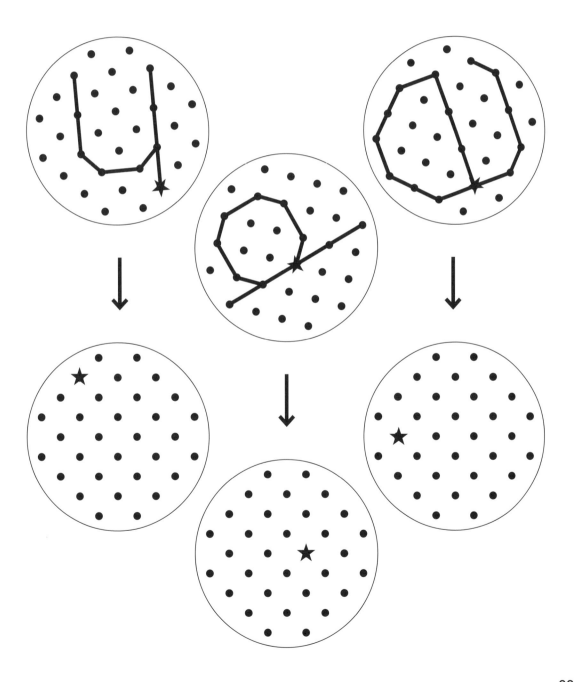

くるくるアルファベット ⑤

上と同じアルファベットになるように、
下の○に正しい向きでアルファベットを書きましょう。

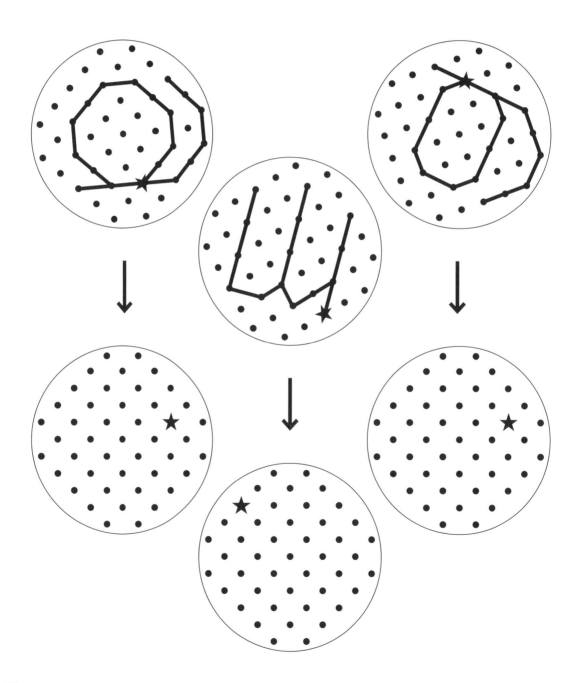

くるくるアルファベット ⑥

上と同じアルファベットになるように、
下の○に正しい向きでアルファベットを書きましょう。

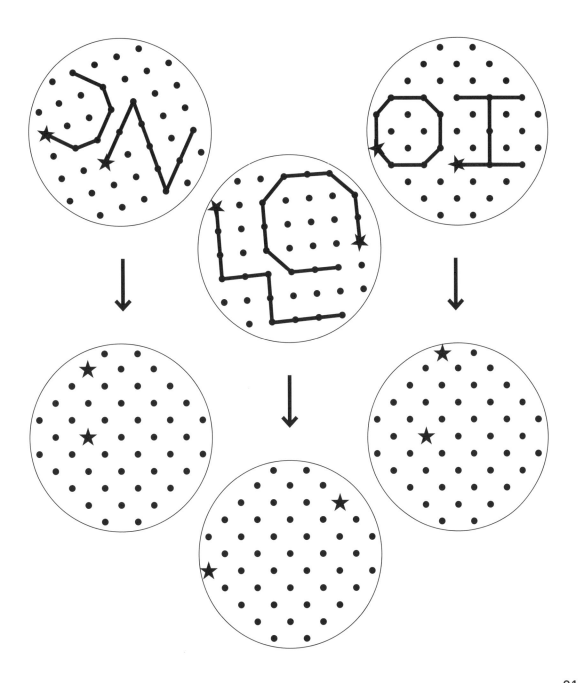

くるくるアルファベット ⑦

上と同じアルファベットになるように、
下の○に正しい向きでアルファベットを書きましょう。

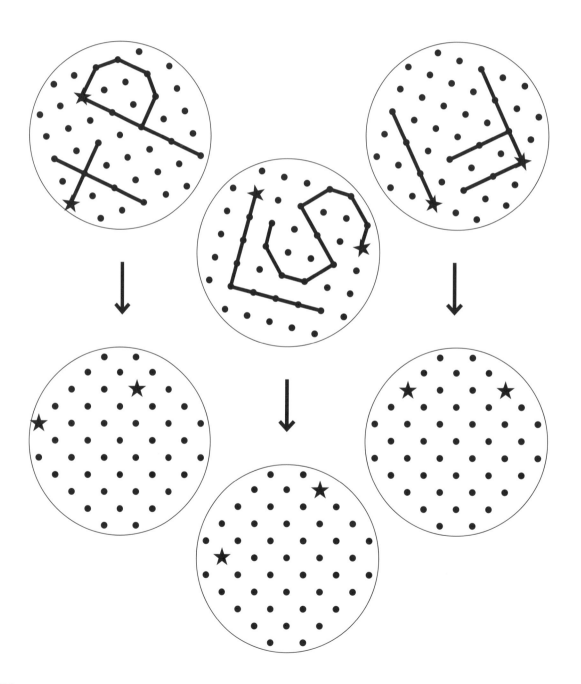

くるくるアルファベット　8

上と同じアルファベットになるように、
下の○に正しい向きでアルファベットを書きましょう。

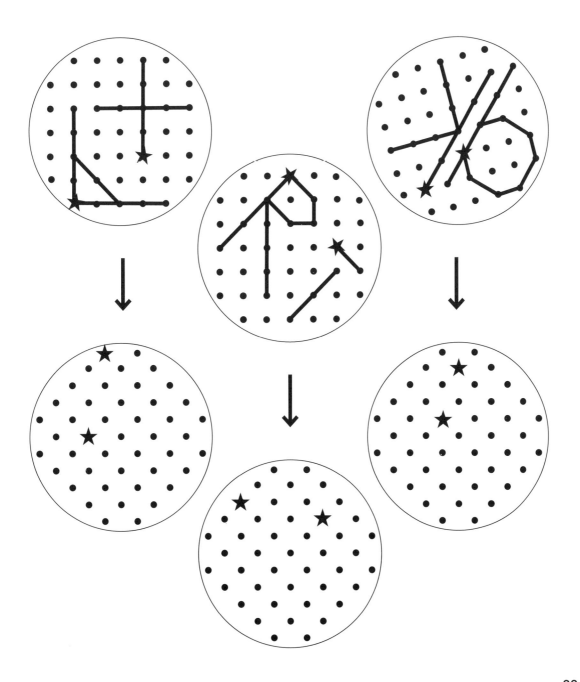

❸ 写す

鏡・水面英単語

★子どもにつけて欲しい力

英単語を鏡像や水面像に置き換え、位置関係を理解する力、想像しながら正確に写す力を養います。

★進め方

鏡と水面に何かの英単語が映っているので、それを想像して正しい英単語を空欄に書き直してもらいます。

★ポイント

・ 何の英単語か分かれば、それを正しく枠に書くだけですので比較的容易ですが、できるだけ鏡像、水面像と同じようになるよう書いてもらいましょう。
・ もし英単語が分からない場合は実際に鏡を使って何の英単語か理解してもらいましょう。

★留意点

・ この課題が難しいようであれば、もっと基礎的な課題からスタートさせましょう（「コグトレ　みる・きく・想像するための認知機能強化トレーニング」鏡映し（三輪書店）など）。

例

鏡・水面英単語 ①

鏡や水面に写った英単語を、正しく書きましょう。

鏡・水面英単語　①

鏡や水面に写った英単語を、正しく書きましょう。

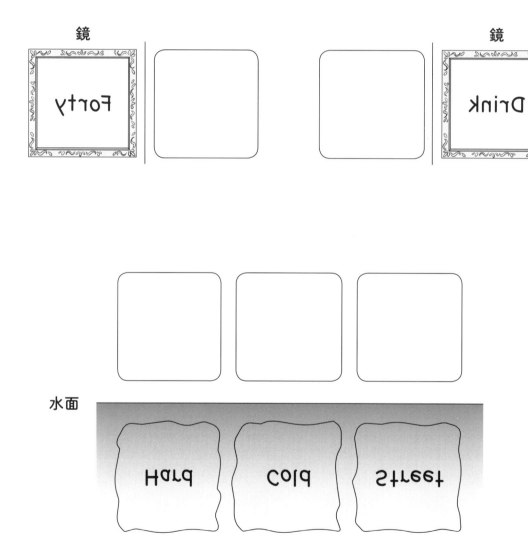

鏡・水面英単語 ②

鏡や水面に写った英単語を、正しく書きましょう。

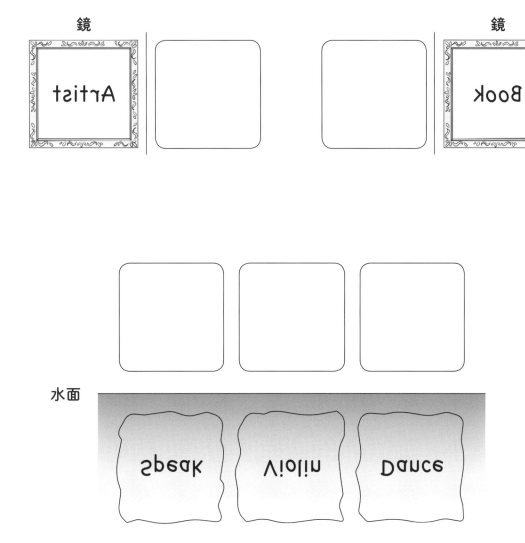

鏡・水面英単語　③

鏡や水面に写った英単語を、正しく書きましょう。

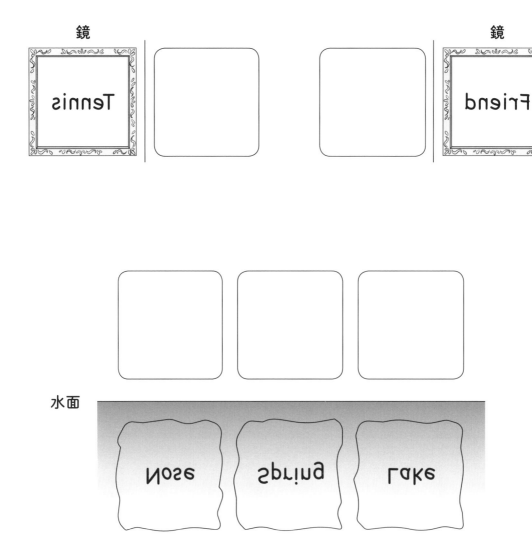

鏡・水面英単語 ④

鏡や水面に写った英単語を、正しく書きましょう。

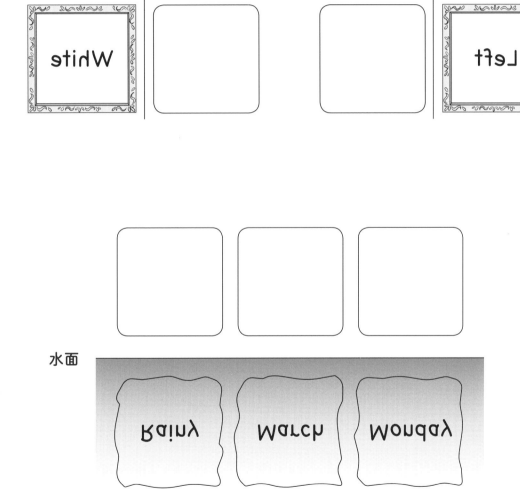

99

鏡・水面英単語 ⑤

鏡や水面に写った英単語を、正しく書きましょう。

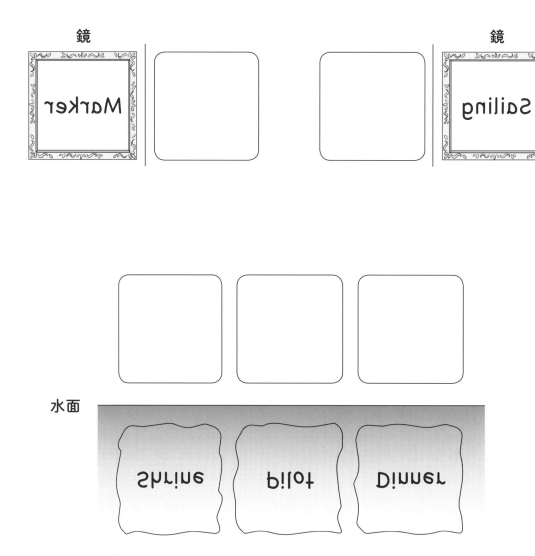

鏡・水面英単語 ⑥

鏡や水面に写った英単語を、正しく書きましょう。

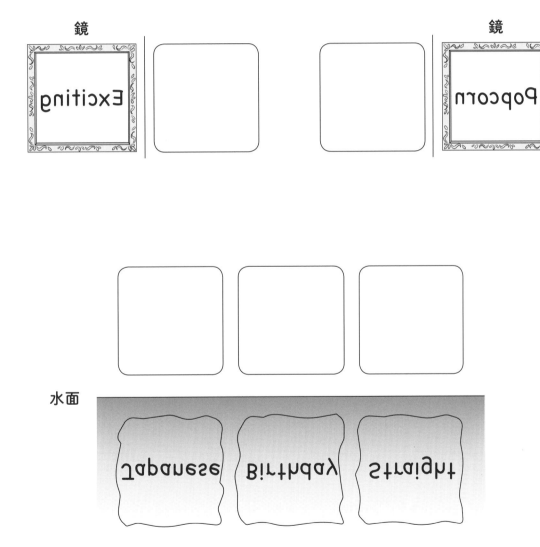

鏡

鏡

水面

鏡・水面英単語 ⑦

鏡や水面に写った英単語を、正しく書きましょう。

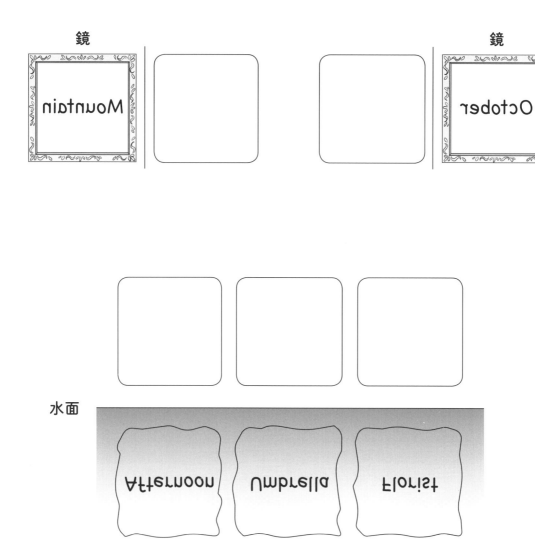

鏡

鏡

水面

鏡・水面英単語 ⑧

鏡や水面に写った英単語を、正しく書きましょう。

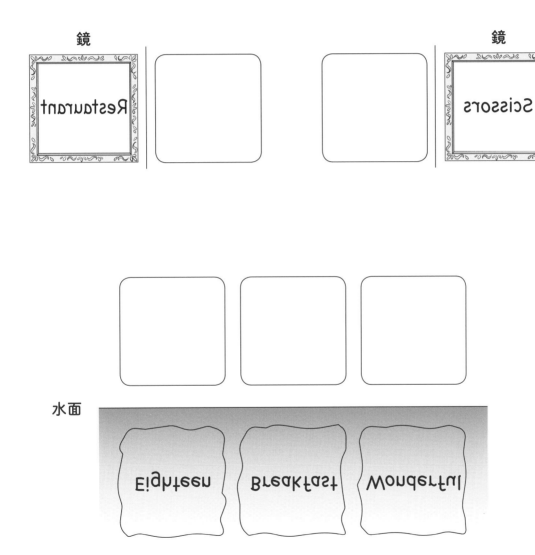

4 見つける

❹ 見つける

★子どもにつけて欲しい力

不規則に並んだ点群の中からある特定の形を見つけることで、形の輪郭を認識できる力を養います。

★進め方

上に示されたアルファベットの輪郭をかたどった点配列を下の点群の中から探し、線で結びます。

★ポイント

・ 対象となる配列の個数が問題に書いてありますので、すべて見つかるまで探してもらいましょう。

・ わかりにくければ最初の一つを線で結んで見本を見せてあげましょう。

★留意点

・ ターゲットのアルファベットがほとんど見つけられず、この課題が難しいようであれば黒板を写したりすることも困難であることが推測されます。もっとやさしい課題から取り組ませましょう。（「やさしいコグトレ」形さがし（三輪書店）など）。

106

例

アルファベットさがし ①

下の点の中に [⸬] が 10 組あります。

それらを見つけて [M] のように線で結びましょう。

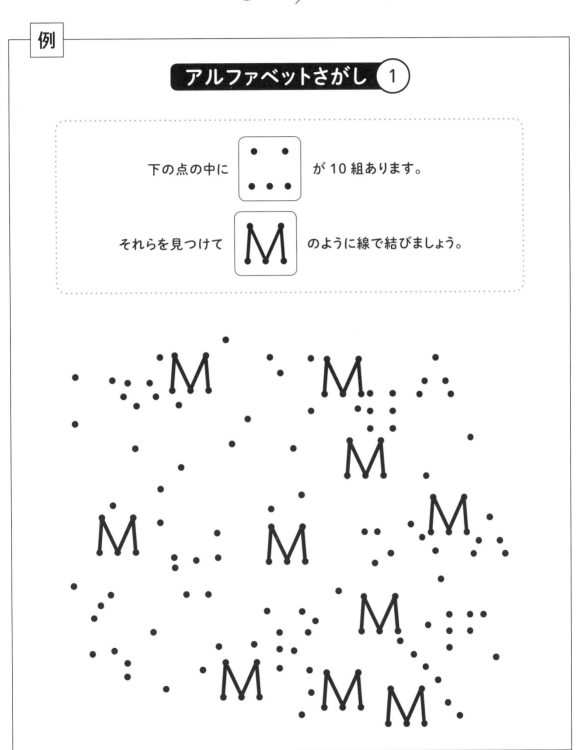

アルファベットさがし ①

下の点の中に が 10 組あります。

それらを見つけて のように線で結びましょう。

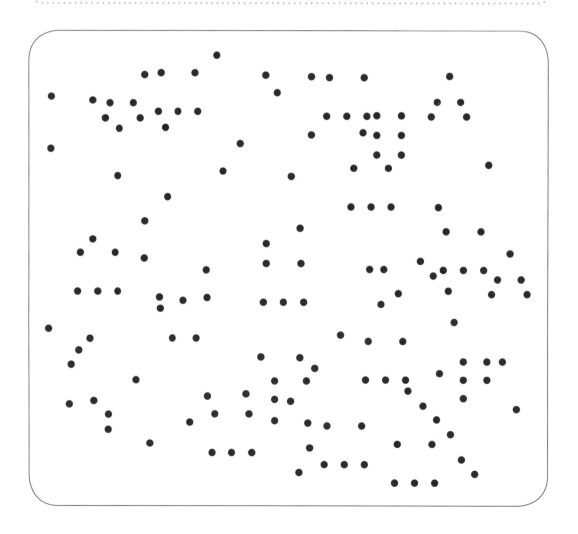

アルファベットさがし ②

 下の点の中に　　　　　が 10 組あります。

それらを見つけて のように線で結びましょう。

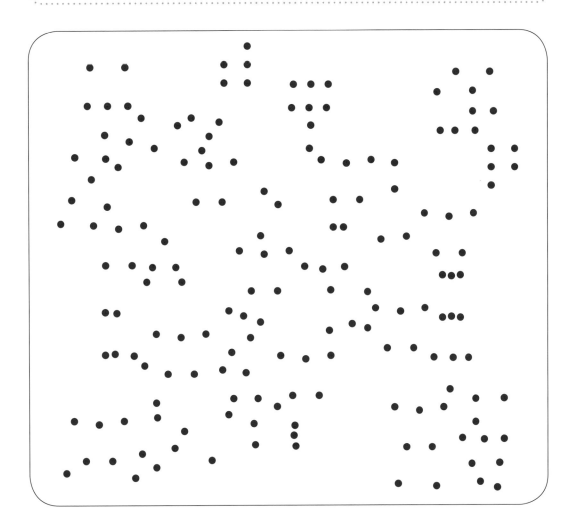

アルファベットさがし ③

下の点の中に ⠿ が 4 組あります。

それらを見つけて **IN** のように線で結びましょう。

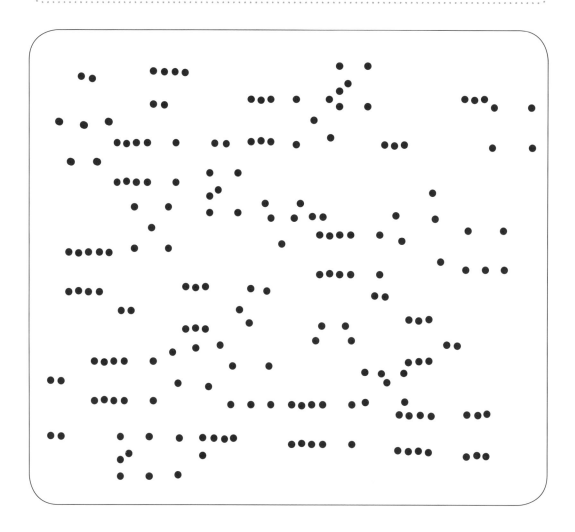

アルファベットさがし ④

下の点の中に ［図］ が 4 組あります。

それらを見つけて ［TV］ のように線で結びましょう。

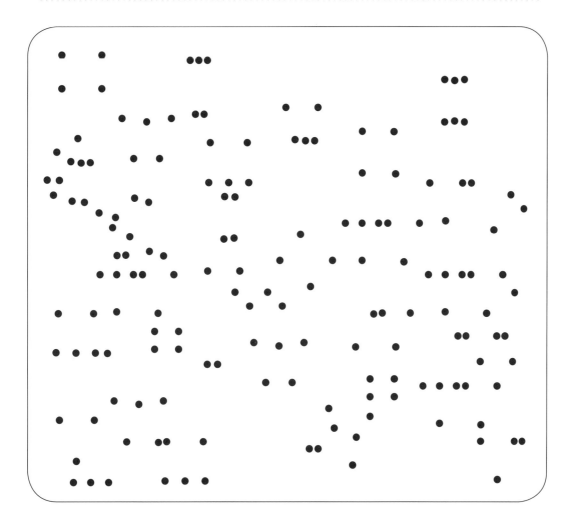

アルフ

ァベットさがし ⑤

下の点の中に 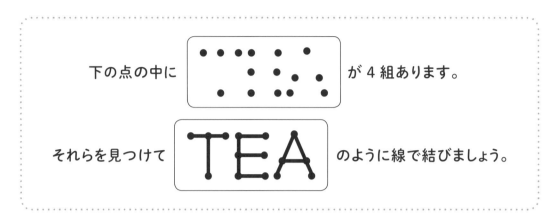 が 4 組あります。

それらを見つけて のように線で結びましょう。

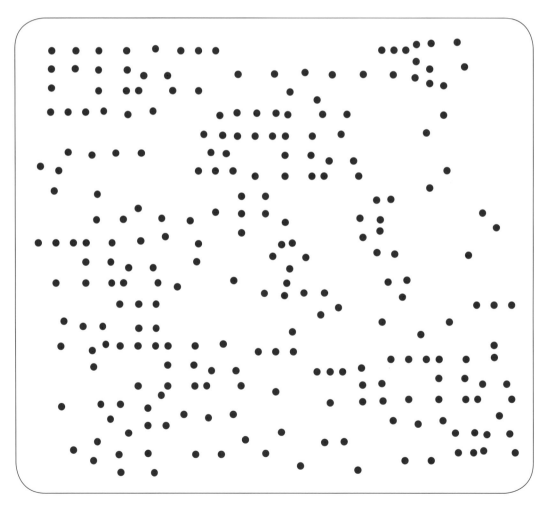

アルファベットさがし ⑥

下の点の中に  が 6 組あります。

それらを見つけて **NEW** のように線で結びましょう。

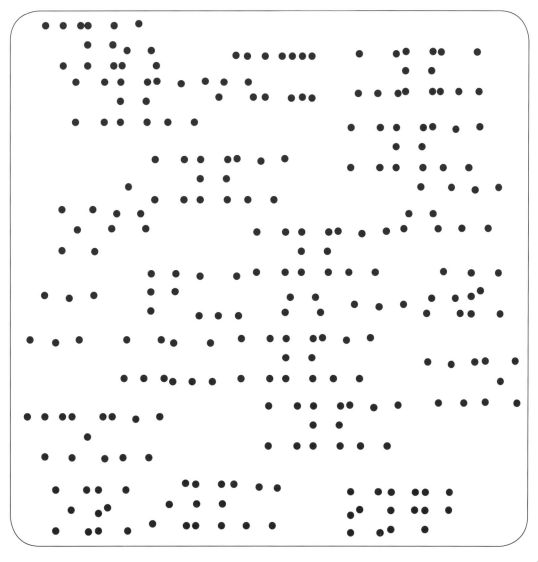

アルファベットさがし 7

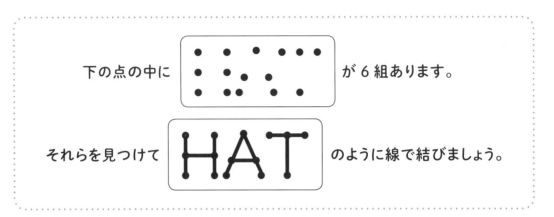

下の点の中に が6組あります。

それらを見つけて **HAT** のように線で結びましょう。

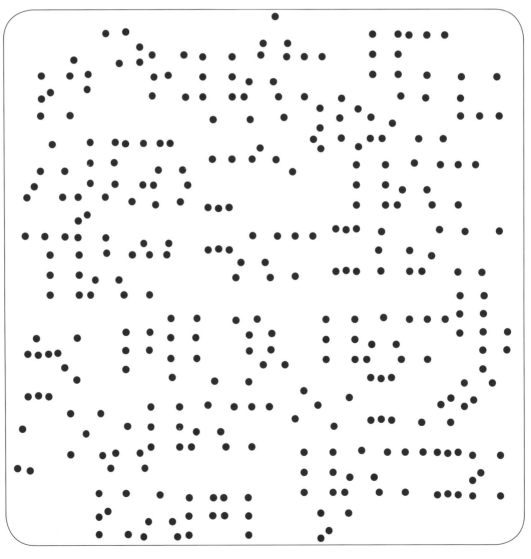

アルファベットさがし ⑧

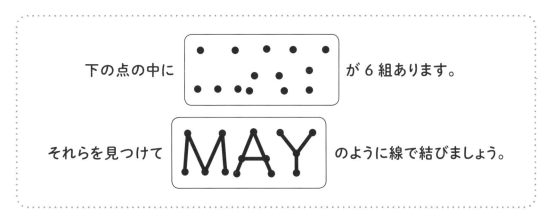

下の点の中に　　　　　　　　　　　が６組あります。

それらを見つけて　　MAY　　のように線で結びましょう。

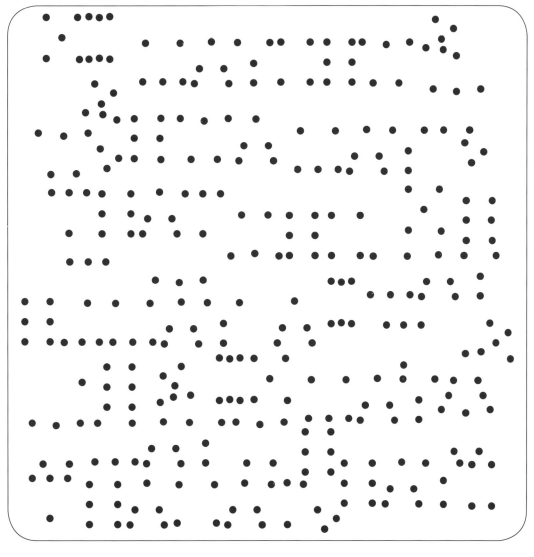

④ 見つける

★子どもにつけて欲しい力

2枚の絵の違いを考えることで、視覚情報の共通点や相違点を把握する力や観察力を養います。

★進め方

上下の絵で違うところを3つ見つけ、下の絵に〇で囲みます。

★ポイント

・ 違いは英単語だけではありませんが、まずは上下で英単語が同じかを確認してもらいましょう。
・ 形の違いだけでなく位置関係の違いなどにも注意してもらいましょう。

★留意点

・ この課題が難しければ、次の"同じ絵はどれ？"はより難しくなりますので、この課題が確実にできるまで練習しましょう。
・ 時間内にできない子どもがいても終わりの会までに見つけるなど、能力に応じて答えを伝えるよう配慮してあげましょう。

例

ちがいはどこ？ ①

上と下の絵で、ちがう所が3つあります。
ちがいは英単語だけではありません。
ちがう場所を見つけたら、○で囲みましょう。

ちがいはどこ？ ①

上と下の絵で、ちがう所が3つあります。

ちがいは英単語だけではありません。

ちがう場所を見つけたら、○で囲みましょう。

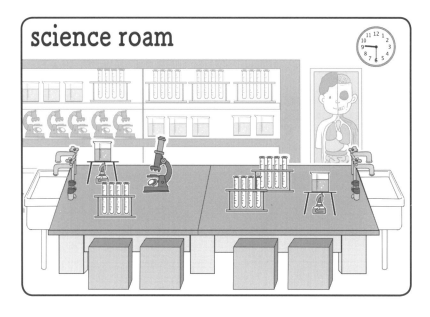

ちがいはどこ？ ②

上と下の絵で、ちがう所が3つあります。

ちがいは英単語だけではありません。

ちがう場所を見つけたら、○で囲みましょう。

ちがいはどこ？ ③

上と下の絵で、ちがう所が3つあります。

ちがいは英単語だけではありません。

ちがう場所を見つけたら、○で囲みましょう。

ちがいはどこ？ ④

上と下の絵で、ちがう所が3つあります。

ちがいは英単語だけではありません。

ちがう場所を見つけたら、○で囲みましょう。

ちがいはどこ？ ⑤

上と下の絵で、ちがう所が3つあります。

ちがいは英単語だけではありません。

ちがう場所を見つけたら、○で囲みましょう。

ちがいはどこ？ 6

上と下の絵で、ちがう所が3つあります。

ちがいは英単語だけではありません。

ちがう場所を見つけたら、○で囲みましょう。

ちがいはどこ？ ⑦

上と下の絵で、ちがう所が3つあります。

ちがいは英単語だけではありません。

ちがう場所を見つけたら、○で囲みましょう。

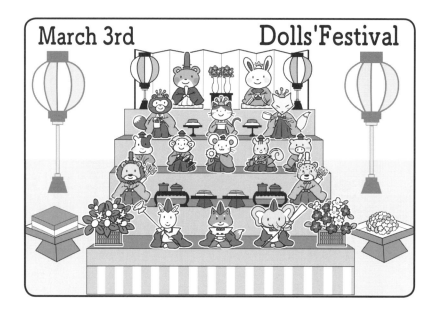

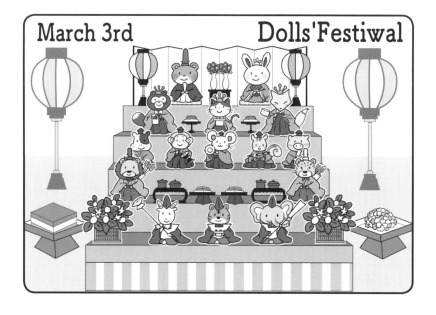

ちがいはどこ？　⑧

上と下の絵で、ちがう所が3つあります。

ちがいは英単語だけではありません。

ちがう場所を見つけたら、○で囲みましょう。

④ 見つける

同じ絵はどれ？

★子どもにつけて欲しい力

複数の絵の中から2枚の同じ絵を見つけ出すことで、視覚情報の共通点や相違点を把握する力や観察力を養います。

★進め方

複数の絵の中にまったく同じ絵が2枚あります。
その2枚を見つけ、（　　　）に番号を書いてもらいます。

★ポイント

・ 違いは英単語だけではないので絵全体を見てみましょう。
・ ある2枚の絵を比べ、その中で一つの違いを見つけると、少なくともどちらかの絵が間違っていることになります。さらに、それぞれの2枚が他の絵と違いはないかという具合に順に比べていくといいでしょう。
・ 他の絵との違いを○で囲んでいくと、候補を減らすことができ、より容易になります。
・ 明らかに違う絵（例えば右の例ですと、①の「judo」の英単語など）を見つけ、×をつけて、見つける対象となる絵をいかに減らしていくかがポイントです。

★留意点

・ 最初から2枚をやみくもに見つけようとすると、混乱して時間もかかります。
　効率よく探すにはどうすればいいか、方略を考えさせるといいでしょう。
・ 時間内にできない子どもがいても終わりの会までに見つけるなど、能力に応じて答えを伝えるよう配慮してあげましょう。

例

同じ絵はどれ？ ①

下の8枚の絵の中から、同じ絵を2枚選びましょう。
ちがいは英語だけではありません。

① Sports
judo soccer
basketball badminton

② Sports
rugby surfing
baseball badminton

③ Sports
rugby surfing
basketball badminton

④ Sports
rugby surfing
basketball badminton

⑤ Sports
rugby canoe
basketball badminton

⑥ Sports
rugby canoe
basketball badminton

⑦ Sports
rugby surfing
basketball swimming

⑧ Sports
judo surfing
basketball badminton

③ と ④

同じ絵はどれ？ ①

下の8枚の絵の中から、同じ絵を2枚選びましょう。

ちがいは英語だけではありません。

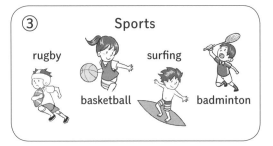

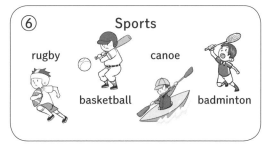

[　　] と [　　]

同じ絵はどれ？ ②

下の8枚の中から同じ絵を2枚えらびましょう。

ちがいは英語だけではありません。

① What bo you want to be?
astronaut　singer　cook

② What do you want to be?
doctor　singer　cook

③ What do you want to be?
doctor　singer　cook

④ What do you want to be?
doctor　singer　cook

⑤ What do you want to be?
astronaut　singer　cook

⑥ What do you want to be?
doctor　singer　teacher

⑦ What do you want to be?
doctor　singer　cook

⑧ What do you want to be
doctor　singer　cook

[　　　]　と　[　　　]

同じ絵はどれ？ ③

下の8枚の絵の中から、同じ絵を2枚選びましょう。

ちがいは英語だけではありません。

① World trip

② World trip

③ Word travel

④ World travel

⑤ World travel

⑥ World trip

⑦ World travel

⑧ Word travel

〔　　　〕　と　〔　　　〕

同じ絵はどれ？ ④

下の8枚の中から同じ絵を2枚えらびましょう。

ちがいは英語だけではありません。

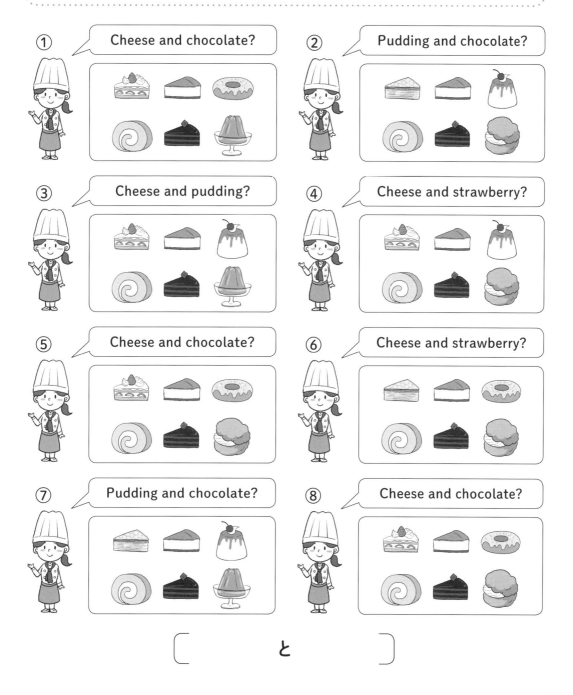

① Cheese and chocolate?

② Pudding and chocolate?

③ Cheese and pudding?

④ Cheese and strawberry?

⑤ Cheese and chocolate?

⑥ Cheese and strawberry?

⑦ Pudding and chocolate?

⑧ Cheese and chocolate?

[　　　]　と　[　　　]

同じ絵はどれ？ ⑤

下の8枚の絵の中から、同じ絵を2枚選びましょう。

ちがいは英語だけではありません。

① My family — father, mother, brother, cat

② My family — mother, father, brother, cat

③ My family — father, mother, sister, cat

④ My family — mother, father, brother, cat

⑤ My family — mother, father, brother, rabbit

⑥ My family — mother, father, sister, cat

⑦ My family — mother, father, brother, cat

⑧ My family — mother, father, brother, cat

［　　　　　］ と ［　　　　　］

同じ絵はどれ？ ⑥

下の8枚の絵の中から、同じ絵を2枚選びましょう。

ちがいは英語だけではありません。

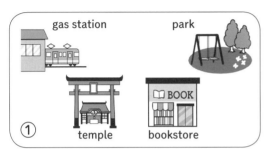

① gas station / park / temple / bookstore

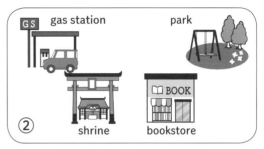

② gas station / park / shrine / bookstore

③ gas station / amusement park / shrine / bookstore

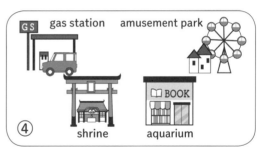

④ gas station / amusement park / shrine / aquarium

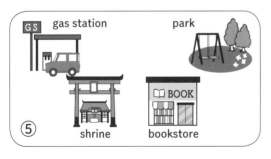

⑤ gas station / park / shrine / bookstore

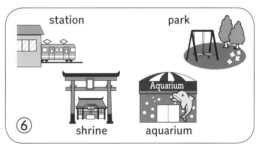

⑥ station / park / shrine / aquarium

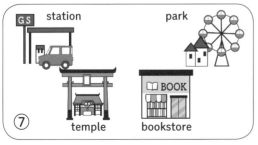

⑦ station / park / temple / bookstore

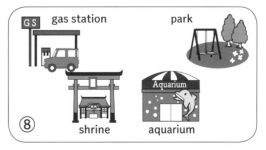

⑧ gas station / park / shrine / aquarium

［　　］と［　　］

同じ絵はどれ？ ⑦

下の8枚の絵の中から、同じ絵を2枚選びましょう。
ちがいは英語だけではありません。

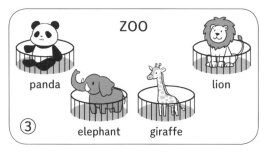

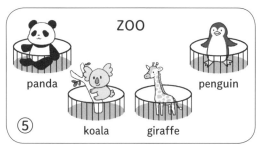

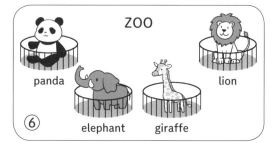

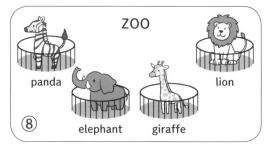

と

同じ絵はどれ？ ⑧

下の8枚の絵の中から、同じ絵を2枚選びましょう。

ちがいは英語だけではありません。

①
・tomato
・onion
・grape juice
・egg
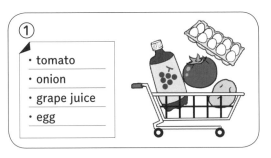

②
・tomato
・onion
・grape juice
・egg

③
・apple
・potato
・orange juice
・egg

④
・apple
・potato
・grape juice
・egg

⑤
・tomato
・onion
・orange juice
・egg
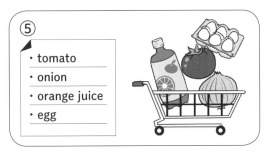

⑥
・apple
・potato
・grape juice
・egg

⑦
・tomato
・onion
・grape juice
・egg
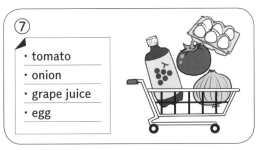

⑧
・apple
・onion
・grape juice
・egg
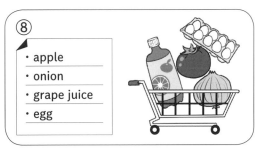

[　　　] と [　　　]

④ 見つける

回転英単語

★子どもにつけて欲しい力

形を心の中で回転させ、正しい組み合わせを見つけていくことで図形の方向弁別や方向の類同視の力を養っていきます。

★進め方

左右にバラバラに並べられた英単語の部品を線でつないで正しい英単語を作り、下の枠の中に書きます。

★ポイント

・ 先にやさしい組み合わせを見つけて、使ったものに×をつけて消していくと組み合わせが減りますのでより簡単に見つけやすくなります。

★留意点

・ この課題が難しく感じるようであれば支援者が部品だけ正しい方向に回転させて横に書いてあげ、子どもに正しい組み合わせを選んでもらってもいいでしょう。
・ 英単語を習っていない場合は、最初から枠の中に正しい英単語を書いておき、それらの英単語を作るための正しい組み合わせを選んで線でつなぐところから始めてもいいでしょう。
・ それでも難しければもっとやさしい課題から取り組ませましょう。
（「コグトレ　みる・きく・想像するための認知機能強化トレーニング」回転パズル①（三輪書店）など）。

例

回転英単語 ①

> 左右を線でつなげると、1つの英単語ができあがります。
> 線で結んだら、できた英単語を下に書きましょう。

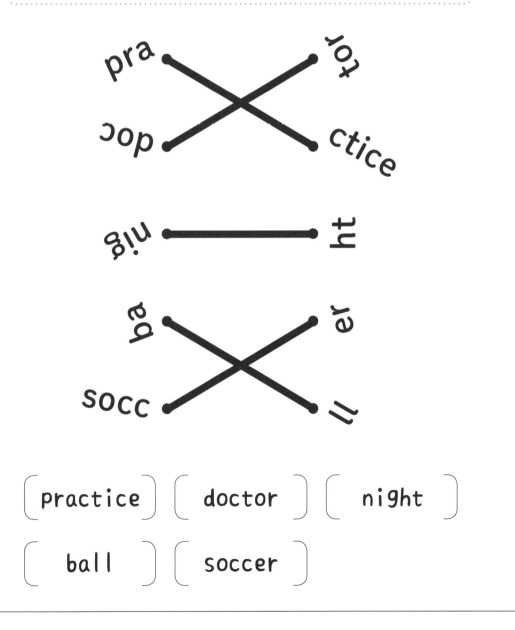

(practice)　(doctor)　(night)

(ball)　(soccer)

回転英単語 ①

左右を線でつなげると、1つの英単語ができあがります。
線で結んだら、できた英単語を下に書きましょう。

pra •　　　• tor

doc •　　　• ctice

nig •　　　• ht

ba •　　　• er

socc •　　　• ll

〔　　　〕〔　　　〕　〔　　　〕〔　　　〕

〔　　　〕〔　　　〕

回転英単語 ②

左右を線でつなげると、1つの英単語ができあがります。
線で結んだら、できた英単語を下に書きましょう。

be •　　　　• age

fl •　　　　• x

fat •　　　　• her

saus •　　　　• ach

bo •　　　　• ower

[　　] [　　] [　　　] [　　　]

[　　] [　　]

回転英単語 ③

左右を線でつなげると、1つの英単語ができあがります。
線で結んだら、できた英単語を下に書きましょう。

bu •

• eball

eigh •

• ty

sm •

• all

pia •

• sy

bas •

• no

〔　　　　　〕〔　　　　　〕〔　　　　　〕

〔　　　　　〕〔　　　　　〕

回転英単語 ④

左右を線でつなげると、1つの英単語ができあがります。
線で結んだら、できた英単語を下に書きましょう。

he •　　　　　• mer

dsmǝu •　　　　　• aper

woɥ •　　　　　• ro

st •　　　　　• ʞɹoʍǝ

ɟɐɹ •　　　　　• ʎpn

[　　　]　[　　　]　[　　　]

[　　　]　[　　　]

回転英単語 ⑤

左右を線でつなげると、1つの英単語ができあがります。
線で結んだら、できた英単語を下に書きましょう。

b •　　　• eum

ti •　　　• ry

koa •　　　• la

mus •　　　• ger

hap •　　　• py

cher •　　　• lo

[　　] [　　]　　[　　] [　　]

[　　] [　　]　　[　　] [　　]

回転英単語 ⑥

左右を線でつなげると、1つの英単語ができあがります。
線で結んだら、できた英単語を下に書きましょう。

scie •　　　• nkey

hosp •　　　• ital

j •　　　• ne

mo •　　　• fee

fi •　　　• nce

cof •　　　• ump

[　　　]　[　　　]　[　　　]　[　　　]

[　　　]　[　　　]　[　　　]　[　　　]

回転英単語 ⑦

左右を線でつなげると、1つの英単語ができあがります。
線で結んだら、できた英単語を下に書きましょう。

comp •　　　　　• angry

ma •　　　　　• uter

te •　　　　　• ach

hu •　　　　　• rmarket

supe •　　　　　• th

telep •　　　　　• hone

[　　　　　]　[　　　　　]　[　　　　　]

[　　　　　]　[　　　　　]　[　　　　　]

回転英単語 ⑧

左右を線でつなげると、1つの英単語ができあがります。
線で結んだら、できた英単語を下に書きましょう。

Dece●

●mber

stra●

●mming

firew●

●orks

sle●

●olate

choc●

●epy

swi●

●wberry

[　　　　　　　] [　　　　　　　]

[　　　　　　　] [　　　　　　　]

5 想像する

❺ 想像する

★子どもにつけて欲しい力
スタンプを押すとどうなるかを考えることで鏡像をイメージする力や論理性を養います。

★進め方
上のスタンプを押すと、下のうちどれになるかを想像して（　　）に正しい番号を書きます。

★ポイント
・ スタンプは元の図の鏡像になりますので、分からなければ上のスタンプの横に実際に鏡を置いて確認させましょう。
・ 下の選択肢の中から明らかに違うと思われる英単語に×をつけて消していくと考えやすくなります。

★留意点
・ スタンプから直接、何の英単語かが分かれば鏡像をイメージしなくても正しい答えを選べますが、複雑になってくると難しくなりますのでできるだけ形から考えるよう促しましょう。
・ まだスタンプの英単語を習っていなければ難しく感じるかもしれません。
  もしこの課題が難しいようであれば、もっとやさしい課題から取り組ませましょう。
  （「やさしいコグトレ」スタンプ（三輪書店）など）。

例

スタンプ英単語 ①

上のスタンプを紙におすと出てくる英単語はどれでしょうか。
下から選んで（　）に番号を書きましょう。

（ ⑦ ）　　　（ ③ ）　　　（ ⑨ ）

① In
Fnu

② On
Art

③ By
Sea

④ nO
Ant

⑤ By
Seo

⑥ Ir
Fun

⑦ On
Ant

⑧ By
Sae

⑨ In
Fun

スタンプ英単語 ①

上のスタンプを紙におすと出てくる英単語はどれでしょうか。
下から選んで（　　）に番号を書きましょう。

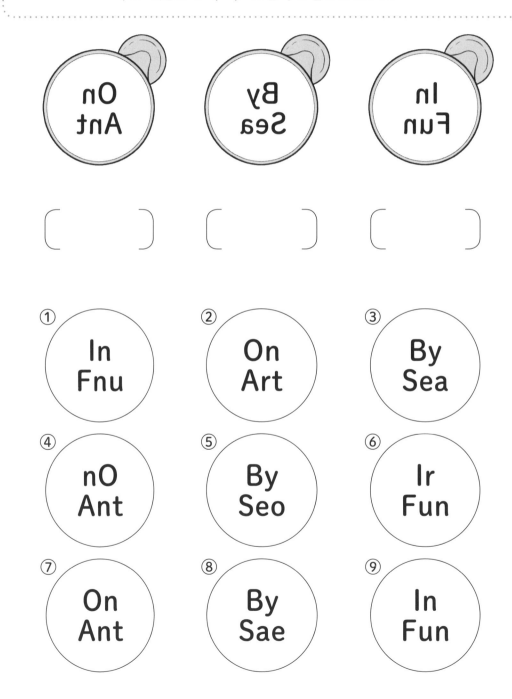

スタンプ英単語 ②

上のスタンプを紙におすと出てくる英単語はどれでしょうか。
下から選んで（　）に番号を書きましょう。

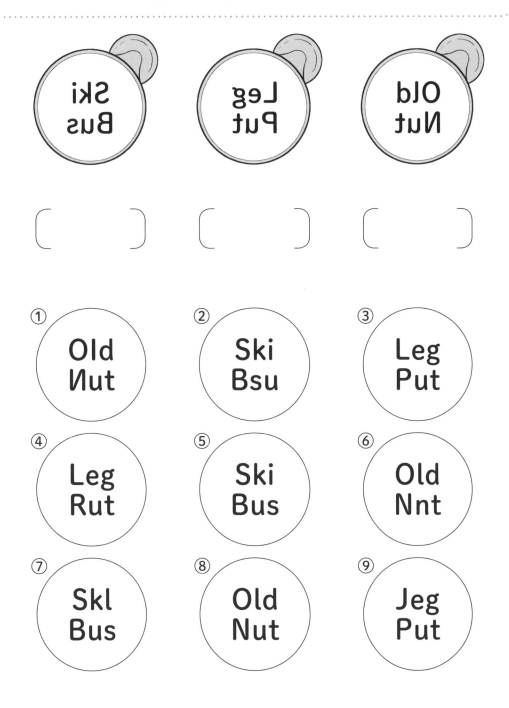

スタンプ英単語 ③

上のスタンプを紙におすと出てくる英単語はどれでしょうか。
下から選んで（　）に番号を書きましょう。

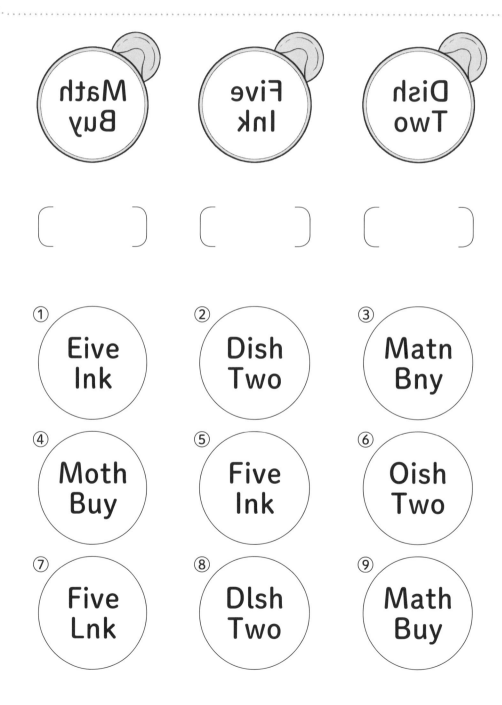

スタンプ英単語 ④

上のスタンプを紙におすと出てくる英単語はどれでしょうか。
下から選んで（　）に番号を書きましょう。

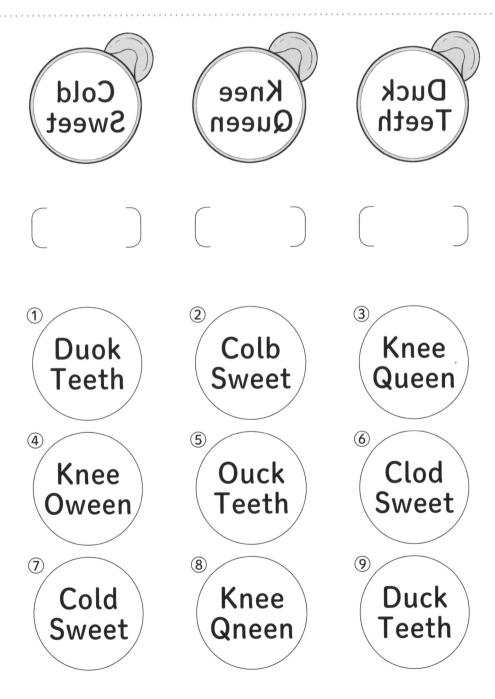

スタンプ英単語　⑤

上のスタンプを紙におすと出てくる英単語はどれでしょうか。
下から選んで（　　）に番号を書きましょう。

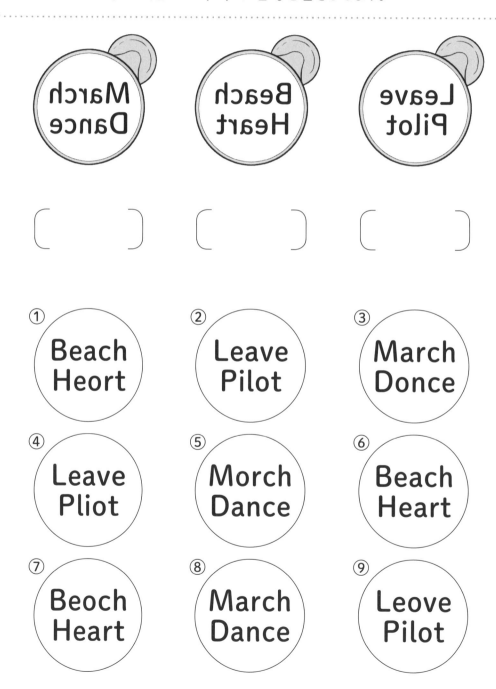

スタンプ：
- March Dance
- Beach Heart
- Leave Pilot

（　　）　（　　）　（　　）

① Beach Heort
② Leave Pilot
③ March Donce
④ Leave Pliot
⑤ Morch Dance
⑥ Beach Heart
⑦ Beoch Heart
⑧ March Dance
⑨ Leove Pilot

スタンプ英単語 ⑥

上のスタンプを紙におすと出てくる英単語はどれでしょうか。
下から選んで（　）に番号を書きましょう。

[　　] [　　] [　　]

① Rainy Temple

② Aqqle Violin

③ Unber Castle

④ Rainy Temqle

⑤ Under Castle

⑥ Apple Vioiln

⑦ Apple Violin

⑧ Roiny Temple

⑨ Under Custle

スタンプ英単語 ⑦

上のスタンプを紙におすと出てくる英単語はどれでしょうか。
下から選んで（　）に番号を書きましょう。

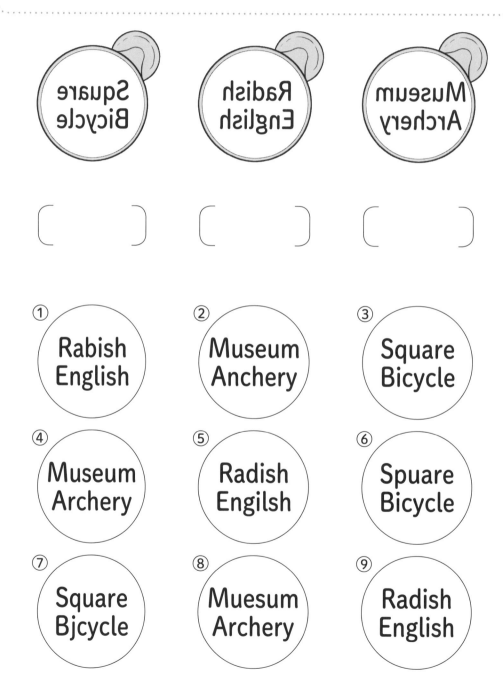

①
Rabish
English

②
Museum
Anchery

③
Square
Bicycle

④
Museum
Archery

⑤
Radish
Engilsh

⑥
Spuare
Bicycle

⑦
Square
Bjcycle

⑧
Muesum
Archery

⑨
Radish
English

スタンプ英単語 ⑧

上のスタンプを紙におすと出てくる英単語はどれでしょうか。
下から選んで（　）に番号を書きましょう。

（　　）　　　　（　　）　　　　（　　）

① Ckichen
Favorite

② Sicence
Triangle

③ Gardage
Elephant

④ Science
Traingle

⑤ Garbage
Elephant

⑥ Chicken
Favarite

⑦ Chicken
Favorite

⑧ Science
Triangle

⑨ Garbage
Eleqhant

❺ 想像する

★子どもにつけて欲しい力

対象物を違った方向から見たらどう見えるかを想像することで心的回転の力や相手の立場になって考える力を養います。

★進め方

上段の動物たちとあなたに囲まれた机の上に置かれたアルファベットは、周りの動物から見たらどう見えるかを想像して正しい組み合わせを考え線でつなぎます。

★ポイント

・ 子どもが問題の意図をイメージできなければ、実際に紙にアルファベットを書いて机に置き、動物と同じ位置に動いてもらって確かめさせるといいでしょう。
・ 選択肢のアルファベットを回転させても正しいアルファベットにならないものもありますので、そこから明らかに違うものを除外できます。

★留意点

・ 回転する角度（サルやトリは 90 度でネコは 180 度）が高いほど難易度は高くなりますので、正面のネコよりもサルやトリからイメージした方がわかりやすいでしょう。
・ この課題が難しければ、もっとやさしい課題から取り組ませましょう。
（「コグトレ　みる・きく・想像するための認知機能強化トレーニング」こころで回転①（三輪書店）など）。

例

心で回転 ①

あなたの前に、アルファベットのカードがあります。
サルさん、トリさん、ネコさんからカードはどう見えるでしょうか?
線でつなぎましょう。

心で回転 ①

あなたの前に、アルファベットのカードがあります。
サルさん、トリさん、ネコさんからカードはどう見えるでしょうか?
線でつなぎましょう。

心で回転 ②

あなたの前に、アルファベットのカードがあります。
サルさん、トリさん、ネコさんからカードはどう見えるでしょうか?
線でつなぎましょう。

心で回転 ③

あなたの前に、アルファベットのカードがあります。
サルさん、トリさん、ネコさんからカードはどう見えるでしょうか?
線でつなぎましょう。

心で回転 ④

あなたの前に、アルファベットのカードがあります。
サルさん、トリさん、ネコさんからカードはどう見えるでしょうか？
線でつなぎましょう。

心で回転 ⑤

あなたの前に、アルファベットのカードがあります。
サルさん、トリさん、ネコさんからカードはどう見えるでしょうか?
線でつなぎましょう。

心で回転 ⑥

あなたの前に、アルファベットのカードがあります。
サルさん、トリさん、ネコさんからカードはどう見えるでしょうか?
線でつなぎましょう。

165

心で回転 ⑦

あなたの前に、アルファベットのカードがあります。

サルさん、トリさん、ネコさんからカードはどう見えるでしょうか?

線でつなぎましょう。

心で回転 ⑧

あなたの前に、アルファベットのカードがあります。
サルさん、トリさん、ネコさんからカードはどう見えるでしょうか?
線でつなぎましょう。

あなた

Japanese　ɘƨɘnɒqɒႱ　ɘƨɘnɒqɒႱ　Japanese　ɘƨɘnɒqɒ

❺ 想像する

★子どもにつけて欲しい力

複数の関係性を比較し理解する力を養います。

★進め方

複数の表彰台の順位から言葉たちの総合順位を考え、答えを英単語に直して書いていきます。

★ポイント

・ まず全体で一番のものを見つけましょう。

　その次は二番になるもの、その次は三番…と順に探していくと見つけやすくなります。

・ いきなり順位を英単語で書くのが難しければ先に日本語を英単語に直して横に書くか、

　下の順位の横に日本語を書いてから正解を（　　　）に書いてもらいましょう。

★留意点

・ 英単語が書けることも大切ですが、ここでは順位を考えることが目的ですので、

　なぜそうなるのか理解できることを重視しましょう。

・ 英単語が分からなくても順位が分かれば（　　）には日本語を書いてもらって

　この課題の理解度を判断しましょう。

・ この課題が難しければ、もっとやさしい課題から取り組ませましょう。

　（「コグトレ　みる・きく・想像するための認知機能強化トレーニング」順位決定戦①

　（三輪書店）など）。

順位決定戦 ①

> 言葉たちは、かけっこが速い順に表しょう台にならんでいます。
> 下の（ ）の順番通りに、言葉たちの名前を英語で書きましょう。

パン　　牛にゅう

ライオン　　テーブル

牛にゅう　　ライオン

歩く　　パン

1位 〔 walk 〕　2位 〔 bread 〕
3位 〔 milk 〕　4位 〔 lion 〕
5位 〔 table 〕

順位決定戦 ①

言葉たちは、かけっこが速い順に表しょう台にならんでいます。
下の（　）の順番通りに、言葉たちの名前を英語で書きましょう。

1位 〔　　　　　　　〕　　2位 〔　　　　　　　　　〕

3位 〔　　　　　　　〕　　4位 〔　　　　　　　　　〕

5位 〔　　　　　　　〕

順位決定戦 ②

言葉たちは、かけっこが速い順に表しょう台にならんでいます。
下の（　）の順番通りに、言葉たちの名前を英語で書きましょう。

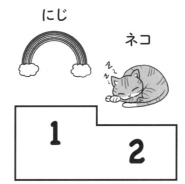

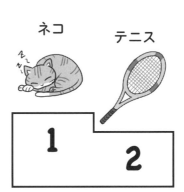

1位〔　　　　　　　〕　2位〔　　　　　　　　　　〕

3位〔　　　　　　　〕　4位〔　　　　　　　　　　〕

5位〔　　　　　　　〕

順位決定戦 ③

言葉たちは、かけっこが速い順に表しょう台にならんでいます。
下の（　）の順番通りに、言葉たちの名前を英語で書きましょう。

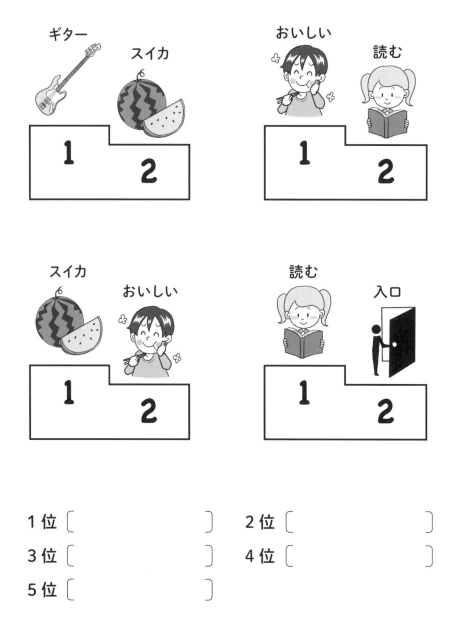

1位 〔　　　　　　　　　〕　　2位 〔　　　　　　　　　　〕

3位 〔　　　　　　　　　〕　　4位 〔　　　　　　　　　　〕

5位 〔　　　　　　　　　〕

順位決定戦 ④

言葉たちは、かけっこが速い順に表しょう台にならんでいます。

下の（　）の順番通りに、言葉たちの名前を英語で書きましょう。

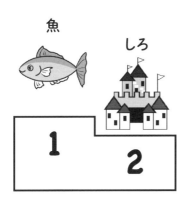

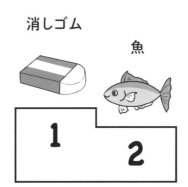

1位〔　　　　　　　　　〕　　2位〔　　　　　　　　　　〕

3位〔　　　　　　　　　〕　　4位〔　　　　　　　　　　〕

5位〔　　　　　　　　　〕

順位決定戦 ⑤

言葉たちは、かけっこが速い順に表しょう台にならんでいます。

下の（ ）の順番通りに、言葉たちの名前を英語で書きましょう。

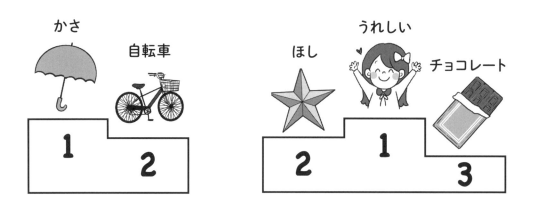

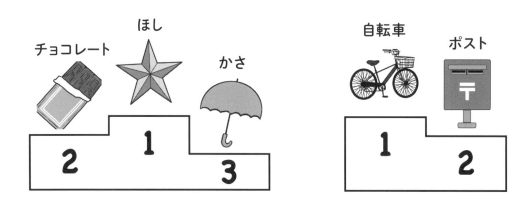

1位〔　　　　　　　　　　〕　2位〔　　　　　　　　　　〕

3位〔　　　　　　　　　　〕　4位〔　　　　　　　　　　〕

5位〔　　　　　　　　　　〕　6位〔　　　　　　　　　　〕

順位決定戦 ⑥

言葉たちは、かけっこが速い順に表しょう台にならんでいます。
下の（　）の順番通りに、言葉たちの名前を英語で書きましょう。

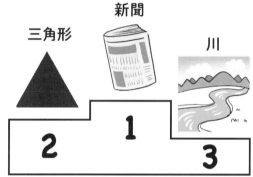

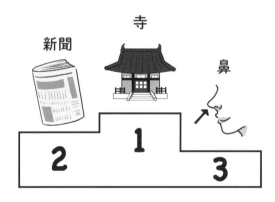

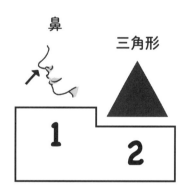

1位〔　　　　　　　　〕　　2位〔　　　　　　　　〕

3位〔　　　　　　　　〕　　4位〔　　　　　　　　〕

5位〔　　　　　　　　〕　　6位〔　　　　　　　　〕

順位決定戦 ⑦

言葉たちは、かけっこが速い順に表しょう台にならんでいます。
下の（　）の順番通りに、言葉たちの名前を英語で書きましょう。

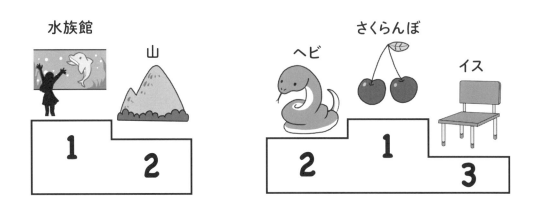

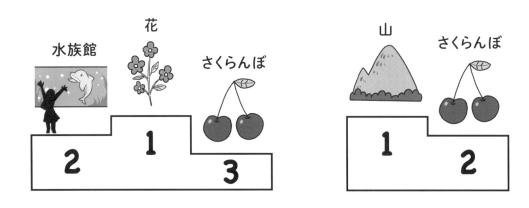

1位 〔　　　　　　　　　〕	2位 〔　　　　　　　　　〕
3位 〔　　　　　　　　　〕	4位 〔　　　　　　　　　〕
5位 〔　　　　　　　　　〕	6位 〔　　　　　　　　　〕

順位決定戦 ⑧

言葉たちは、かけっこが速い順に表しょう台にならんでいます。

下の（　）の順番通りに、言葉たちの名前を英語で書きましょう。

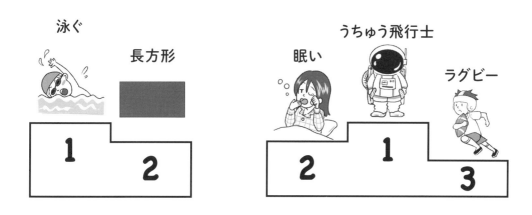

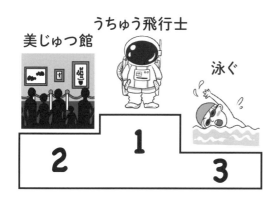

1位 〔　　　　　　〕	2位 〔　　　　　　　　〕
3位 〔　　　　　　〕	4位 〔　　　　　　　　〕
5位 〔　　　　　　〕	6位 〔　　　　　　　　〕

❺ 想像する

★子どもにつけて欲しい力

断片的な情報から全体を想像する力やストーリーを考えることで、時間概念や論理的思考を養っていきます。

★進め方

イラストとともに提示された英文を参考にしながら、ストーリーを想像してイラストを正しい順番に並び替え、下の（　　　）に順番を書きます。

★ポイント

・ ストーリーの最初を見つけるのではなく、二つのうちどちらが先かを考えさせ、順に並べていき、あとは順位決定戦と同様の方法で順番を並べかえていくとよいでしょう。
・ 必ず前後が分かるヒントがありますのでそこに注意を向けさせます。

★留意点

・ この課題が難しければ、もっとやさしい課題から取り組ませましょう。
（「コグトレ　みる・きく・想像するための認知機能強化トレーニング」物語つくり（三輪書店）など）。

例

物語作り ①

下のイラストは順番がバラバラになっています。

物語になるようにならびかえて、数字を書きましょう。

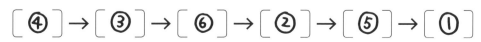

物語作り ①

下のイラストは順番がバラバラになっています。

物語になるようにならびかえて、数字を書きましょう。

①

②

③

④

⑤

⑥

[　　]→[　　]→[　　]→[　　]→[　　]→[　　]

物語作り ②

下のイラストは順番がバラバラになっています。

物語になるようにならびかえて、数字を書きましょう。

①

②

③

④

⑤

⑥

[　] → [　] → [　] → [　] → [　] → [　]

物語作り ③

下のイラストは順番がバラバラになっています。
物語になるようにならびかえて、数字を書きましょう。

①

②

③

④

⑤

⑥

[　　]→[　　]→[　　]→[　　]→[　　]→[　　]

182

物語作り ④

下のイラストは順番がバラバラになっています。

物語になるようにならびかえて、数字を書きましょう。

①

②

③

④

⑤

⑥

[　　] → [　　] → [　　] → [　　] → [　　] → [　　]

物語作り ⑤

下のイラストは順番がバラバラになっています。

物語になるようにならびかえて、数字を書きましょう。

①

②

③

④

⑤

⑥

[　　]→[　　]→[　　]→[　　]→[　　]→[　　]

物語作り ⑥

下のイラストは順番がバラバラになっています。
物語になるようにならびかえて、数字を書きましょう。

①

②

③

④

⑤

⑥

[　] → [　] → [　] → [　] → [　] → [　]

物語作り ⑦

下のイラストは順番がバラバラになっています。

物語になるようにならびかえて、数字を書きましょう。

①

②

③

④

⑤

⑥

[　　] → [　　] → [　　] → [　　] → [　　] → [　　]

物語作り ⑧

下のイラストは順番がバラバラになっています。
物語になるようにならびかえて、数字を書きましょう。

①

②

③

④

⑤

⑥

[　] → [　] → [　] → [　] → [　] → [　]

② 数える

【英単語数え】

① 15 こ
② 18 こ
③ 13 こ
④ 10 こ
⑤ 14 こ
⑥ 17 こ
⑦ 15 こ
⑧ 6 こ
⑨ 11 こ
⑩ 9 こ
⑪ 14 こ
⑫ 10 こ

【英単語算】

① 6 （ father ）　（ umbrella ）
　 8 （ water ）
　 9 （ season ）
　 13 （ baseball ）（ pencil ）
② 8 （ straight ）（ always ）
　 11 （ which ）
　 13 （ birthday ）（ dog ）
　 15 （ mother ）
③ 4 （ new ）
　 5 （ teacher ）
　 11 （ king ）　（ room ）
　 13 （ carrot ）　（ fish ）
④ 9 （ right ）　（ hamburger ）
　 10 （ beautiful ）
　 15 （ eleven ）　（ cool ）
　 17 （ rabbit ）

⑤ 7 （ lake ）　（ make ）
　 11 （ book ）
　 14 （ class ）
　 18 （ English ）（ boy ）
⑥ 10 （ run ）　（ homework ）
　 11 （ cold ）　（ winter ）
　 12 （ forty ）　（ teeth ）
⑦ 6 （ tennis ）　（ orange ）
　 7 （ desk ）　（ zoo ）
　 10 （ flower ）
　 16 （ good ）
⑧ 11 （ watch ）
　 12 （ piano ）　（ egg ）
　 13 （ driver ）　（ read ）
　 14 （ delicious ）
⑨ 2 （ pen ）
　 11 （ cat ）
　 12 （ box ）　（ wash ）
　 13 （ teach ）　（ scary ）
⑩ 9 （ ruler ）　（ like ）（ bitter ）
　 10 （ want ）
　 12 （ sister ）
　 16 （ juice ）
⑪ 7 （ morning ）（ summer ）
　 9 （ guitar ）
　 15 （ tea ）　（ December ）
　 17 （ apple ）
⑫ 7 （ rainy ）　（ Monday ）
　 10 （ street ）　（ happy ）
　 16 （ hospital ）
　 18 （ park ）

❹ 見つける

【回転英単語】

① practice, doctor, night, ball, soccer
② beach, flower, father, sausage, box
③ busy, eighty, small, piano, baseball
④ hero, newspaper, homework,
   study, farmer
⑤ boy, tiger, koala, museum,
   happy, cherry
⑥ science, hospital, jump, monkey,
   fine, coffee
⑦ computer, math, teach,
   hungry, supermarket, telephone
⑧ December, strawberry, fireworks,
   sleepy, chocolate, swimming

❺ 想像する

【スタンプ英単語】

① （⑦）（③）（⑨）
② （⑤）（③）（⑧）
③ （⑨）（⑤）（②）
④ （⑦）（③）（⑨）
⑤ （⑧）（⑥）（②）
⑥ （⑤）（①）（⑦）
⑦ （③）（⑨）（④）
⑧ （⑤）（⑦）（⑧）

【順位決定戦】

① 1位（walk）2位（bread）
   3位（milk）4位（lion）
   5位（table）

② 1位（rainbow）2位（cat）
   3位（tennis）4位（clock）
   5位（doctor）
③ 1位（guitar）2位（watermelon）
   3位（delicious）4位（read）
   5位（entrance）
④ 1位（run）2位（eraser）
   3位（fish）4位（castle）
   5位（dinner）
⑤ 1位（happy）2位（star）
   3位（chocolate）4位（umbrella）
   5位（bicycle）6位（post）
⑥ 1位（singer）2位（temple）
   3位（newspaper）4位（nose）
   5位（triangle）6位（river）
⑦ 1位（flower）2位（aquarium）
   3位（mountain）4位（cherry）
   5位（snake）6位（chair）
⑧ 1位（astronaut）2位（sleepy）
   3位（rugby）4位（museum）
   5位（swim）6位（rectangle）

【物語作り】

① 4→3→6→2→5→1
② 6→1→4→5→2→3
③ 1→2→4→5→3→6
④ 3→2→1→6→4→5
⑤ 2→4→3→1→6→5
⑥ 5→3→6→2→1→4
⑦ 3→1→5→4→6→2
⑧ 5→2→4→3→1→6

【さがし算】

さがし算 ①

たて、横、ななめのとなりあった2つの数を足すと 8 になるものが
2つあります。それを見つけて○でかこみましょう。

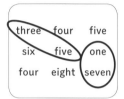
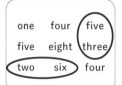

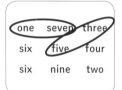
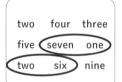

さがし算 ②

たて、横、ななめのとなりあった2つの数を足すと 9 になるものが
2つあります。それを見つけて○でかこみましょう。

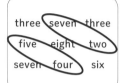
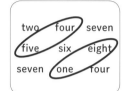

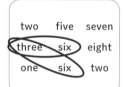
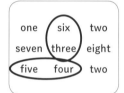

さがし算 ③

たて、横、ななめのとなりあった2つの数を足すと 10 になるものが
2つあります。それを見つけて○でかこみましょう。

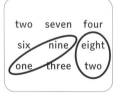
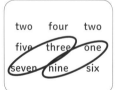

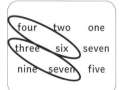
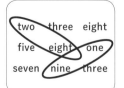

さがし算 ④

たて、横、ななめのとなりあった2つの数を足すと 11 になるものが
2つあります。それを見つけて○でかこみましょう。

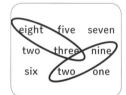
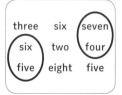

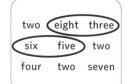
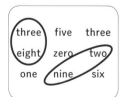

さがし算 ⑤

たて、横、ななめのとなりあった2つの数を足すと 11 になるものが
2つあります。それを見つけて○でかこみましょう。

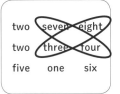

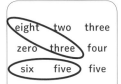

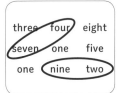

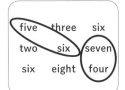

さがし算 ⑥

たて、横、ななめのとなりあった2つの数を足すと 12 になるものが
2つあります。それを見つけて○でかこみましょう。

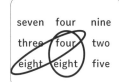

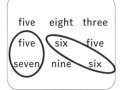

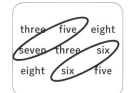

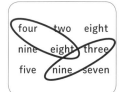

さがし算 ⑦

たて、横、ななめのとなりあった2つの数を足すと 13 になるものが
2つあります。それを見つけて○でかこみましょう。

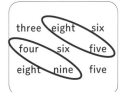

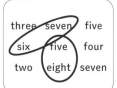

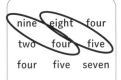

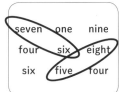

さがし算 ⑧

たて、横、ななめのとなりあった2つの数を足すと 14 になるものが
2つあります。それを見つけて○でかこみましょう。

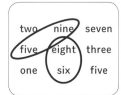

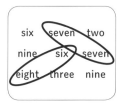

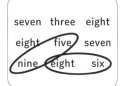

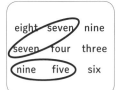

【アルファベットさがし】

アルファベットさがし ①

下の点の中に  が 10 組あります。

それらを見つけて 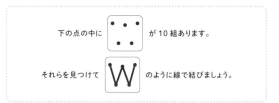 のように線で結びましょう。

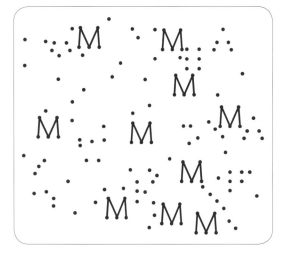

アルファベットさがし ②

下の点の中に が 10 組あります。

それらを見つけて のように線で結びましょう。

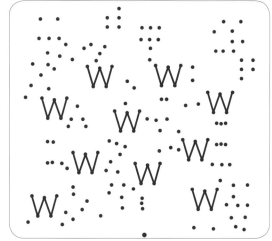

アルファベットさがし ③

下の点の中に が 4 組あります。

それらを見つけて のように線で結びましょう。

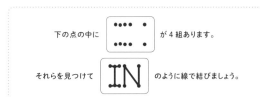

アルファベットさがし ④

下の点の中に が 4 組あります。

それらを見つけて のように線で結びましょう。

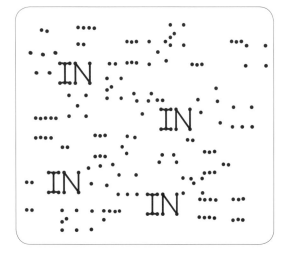

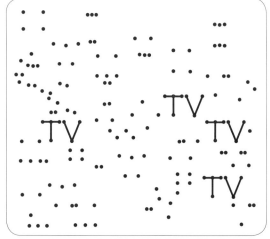

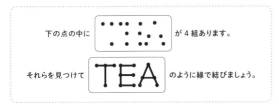

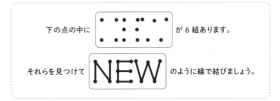

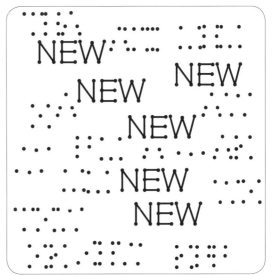

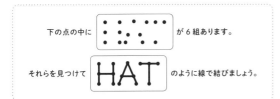

193

【ちがいはどこ？】

ちがいはどこ？ 1

上と下の絵で、ちがう所が3つあります。
ちがいは英単語だけではありません。
ちがう場所を見つけたら、○で囲みましょう。

ちがいはどこ？ 2

上と下の絵で、ちがう所が3つあります。
ちがいは英単語だけではありません。
ちがう場所を見つけたら、○で囲みましょう。

ちがいはどこ？ 3

上と下の絵で、ちがう所が3つあります。
ちがいは英単語だけではありません。
ちがう場所を見つけたら、○で囲みましょう。

ちがいはどこ？ 4

上と下の絵で、ちがう所が3つあります。
ちがいは英単語だけではありません。
ちがう場所を見つけたら、○で囲みましょう。

ちがいはどこ？ 5

上と下の絵で、ちがう所が3つあります。
ちがいは英単語だけではありません。
ちがう場所を見つけたら、○で囲みましょう。

ちがいはどこ？ 6

上と下の絵で、ちがう所が3つあります。
ちがいは英単語だけではありません。
ちがう場所を見つけたら、○で囲みましょう。

ちがいはどこ？ 7

上と下の絵で、ちがう所が3つあります。
ちがいは英単語だけではありません。
ちがう場所を見つけたら、○で囲みましょう。

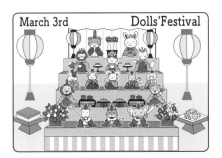

ちがいはどこ？ 8

上と下の絵で、ちがう所が3つあります。
ちがいは英単語だけではありません。
ちがう場所を見つけたら、○で囲みましょう。

【同じ絵はどれ？】 他との相違点を○囲みしています。

同じ絵はどれ？ ①

下の8枚の絵の中から、同じ絵を2枚選びましょう。
ちがいは英語だけではありません。

③と④

同じ絵はどれ？ ②

下の8枚の中から同じ絵を2枚えらびましょう。
ちがいは英語だけではありません。

④と⑦

同じ絵はどれ？ ③

下の8枚の絵の中から、同じ絵を2枚選びましょう。
ちがいは英語だけではありません。

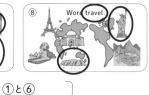

①と⑥

同じ絵はどれ？ ④

下の8枚の中から同じ絵を2枚えらびましょう。
ちがいは英語だけではありません。

⑤と⑧

196

下の8枚の絵の中から、同じ絵を2枚選びましょう。
ちがいは英語だけではありません。

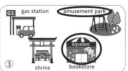

⑦と⑧

下の8枚の絵の中から、同じ絵を2枚選びましょう。
ちがいは英語だけではありません。

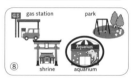

②と⑤

下の8枚の絵の中から、同じ絵を2枚選びましょう。
ちがいは英語だけではありません。

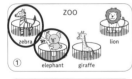

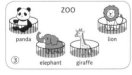
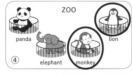
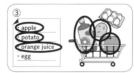

③と⑥

下の8枚の絵の中から、同じ絵を2枚選びましょう。
ちがいは英語だけではありません。

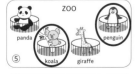
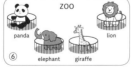

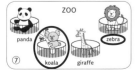
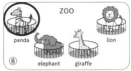

②と⑦

【心で回転】

あなたの前に、アルファベットのカードがあります。
サルさん、トリさん、ネコさんからカードはどう見えるでしょうか？
線でつなぎましょう。

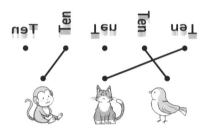

あなたの前に、アルファベットのカードがあります。
サルさん、トリさん、ネコさんからカードはどう見えるでしょうか？
線でつなぎましょう。

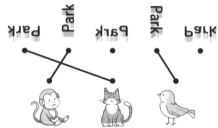

あなたの前に、アルファベットのカードがあります。
サルさん、トリさん、ネコさんからカードはどう見えるでしょうか？
線でつなぎましょう。

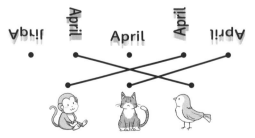

あなたの前に、アルファベットのカードがあります。
サルさん、トリさん、ネコさんからカードはどう見えるでしょうか？
線でつなぎましょう。

あなたの前に、アルファベットのカードがあります。
サルさん、トリさん、ネコさんからカードはどう見えるでしょうか？
線でつなぎましょう。

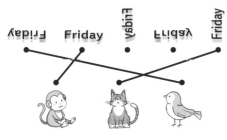

あなたの前に、アルファベットのカードがあります。
サルさん、トリさん、ネコさんからカードはどう見えるでしょうか？
線でつなぎましょう。

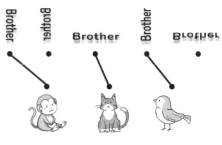

あなたの前に、アルファベットのカードがあります。
サルさん、トリさん、ネコさんからカードはどう見えるでしょうか？
線でつなぎましょう。

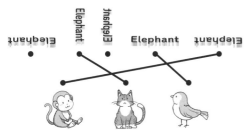

あなたの前に、アルファベットのカードがあります。
サルさん、トリさん、ネコさんからカードはどう見えるでしょうか？
線でつなぎましょう。

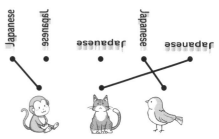

【著者略歴】

宮口 幸治（みやぐち・こうじ）

立命館大学産業社会学部・大学院人間科学研究科教授。京都大学工学部卒業、建設コンサルタント会社勤務の後、神戸大学医学部医学科卒業。神戸大学医学部附属病院精神神経科、大阪府立精神医療センターなどを勤務の後、法務省宮川医療少年院、交野女子学院医務課長を経て、2016年より現職。医学博士、子どものこころ専門医、日本精神神経学会専門医、臨床心理士、公認心理師。児童精神科医として、困っている子どもたちの支援を教育・医療・心理・福祉の観点で行う「日本 COG-TR 学会」を主宰し、全国で教員向けに研修を行っている。

著書に『教室の「困っている子ども」を支える 7 つの手がかり』『性の問題行動をもつ子どものためのワークブック』『教室の困っている発達障害をもつ子どもの理解と認知的アプローチ』（以上、明石書店）、『不器用な子どもたちへの認知作業トレーニング』『コグトレ みる・きく・想像するための認知機能強化トレーニング』『やさしいコグトレ 認知機能強化トレーニング』『社会面のコグトレ 認知ソーシャルトレーニング』（以上、三輪書店）、『1 日 5 分！教室で使えるコグトレ 困っている子どもを支援する認知トレーニング 122』『もっとコグトレ さがし算 60 初級・中級・上級』『1 日 5 分 教室で使える漢字コグトレ小学 1 〜 6 年生』『学校でできる！性の問題行動へのケア』（以上、東洋館出版社）、『ケーキの切れない非行少年たち』（新潮社）など。

正頭 英和（しょうとう・ひでかず）

立命館小学校 英語科教諭 /ICT 教育部長。関西外語大学外国語学部卒業。関西大学大学院修了（外国語教育学修士）。京都市公立中学校、立命館中学校・高等学校を経て現職。「英語」の授業に加えて「ICT 科」の授業も指導する。2019 年、「教育界のノーベル賞」と呼ばれる「Global Teacher Prize 2019（グローバル・ティーチャー賞）」トップ 10 に、世界約 150 ヵ国・約 3 万人の中から、日本人小学校教員初で選出される。AI 時代・グローバル時代の教育をテーマにした講演も多数。著書に『世界トップティーチャーが教える 子どもの未来が変わる英語の教科書』（講談社）など。

【執筆協力】

近藤　礼菜　　立命館大学大学院人間科学研究科
木村　駿　　　立命館大学大学院人間科学研究科
稲葉　くるみ　立命館大学大学院人間科学研究科

編集　　　　　　　　　　ナイスク http://naisg.com　松尾里央　高作真紀　中西傑
本文フォーマット / デザイン・DTP　小林沙織（サバデザイン）
イラスト　　　　　　　　真崎なこ

１日５分！
教室でできる英語コグトレ　小学校５・６年生

2020（令和 2）年 4 月 20 日　初版第 1 刷発行
2024（令和 6）年 6 月 21 日　初版第 4 刷発行

著者　　　　宮口幸治・正頭英和
発行者　　　錦織圭之介
発行所　　　株式会社 東洋館出版社
　　　　　　〒 101-0054　東京都千代田区神田錦町 2 丁目 9 番 1 号
　　　　　　　　　　　　　　　　コンフォール安田ビル 2 階
　　　　　　代　表　電話 03-6778-4343 ／ FAX 03-5281-8091
　　　　　　営業部　電話 03-6778-7278 ／ FAX 03-5281-8092
　　　　　　振替　00180-7-96823
　　　　　　URL　https://www.toyokan.co.jp
印刷・製本　藤原印刷株式会社
ISBN 978-4-491-04097-4
Printed in Japan